TURING 图灵新知

U0692284

[日] 广中平祐 —— 著

Heisuke Hironaka

# 数学与创造：广中平祐自传

逸宁 —— 译

人民邮电出版社
北京

**图书在版编目（CIP）数据**

数学与创造：广中平祐自传 /（日）广中平祐著；
逸宁译. -- 北京：人民邮电出版社，2022.11
（图灵新知）
ISBN 978-7-115-59359-7

Ⅰ. ①数… Ⅱ. ①广… ②逸… Ⅲ. ①广中平祐 – 自
传 Ⅳ. ①K833.136.11

中国版本图书馆CIP数据核字(2022)第094099号

### 内 容 提 要

本书为日本数学家、菲尔兹奖得主广中平祐先生的亲笔自传。作者以解决“奇点解消问题”的故事为线索，讲述了自己学习数学、走上数学研究道路的历程，分享了在挑战数学难题过程中的思考方法与感悟，并就“数学与创造”“创造与情绪”等话题做了深入阐述。另外，本书还收录了广中平祐先生研究生涯中的文章、照片等资料，是了解日本数学研究以及数学创造性思维的科普佳作。

◆ 著　　　　[日] 广中平祐
　　译　　　　逸　宁
　　责任编辑　武晓宇
　　责任印制　彭志环
◆ 人民邮电出版社出版发行　　北京市丰台区成寿寺路 11 号
　　邮编　100164　　电子邮件　315@ptpress.com.cn
　　网址　https://www.ptpress.com.cn
　　固安县铭成印刷有限公司印刷
◆ 开本：880×1230　1/32
　　印张：7　　　　　　　　2022 年 11 月第 1 版
　　字数：124 千字　　　　　2025 年 5 月河北第 8 次印刷
　　著作权合同登记号　图字：01-2021-2494 号

定价：59.80 元
读者服务热线：(010)84084456-6009　　印装质量热线：(010)81055316
反盗版热线：(010)81055315

# 版 权 声 明

# 新版序

为了不断涌现出新的想法，我们应该如何学习，又应该以怎样的态度来对待学问呢？

对于这个问题，我的回答是：首先要尝试独立思考。

我的这种学术态度，大约始于我在哈佛大学留学，师从于奥斯卡·扎里斯基（Oscar Zariski）教授的时候。当时扎里斯基导师门下共有四名学生，除了我，还有我的两个同学——生于英国的芒福德（Mumford）和生于德国的阿廷（Artin），以及后来加入的土生土长的美国人克莱曼（Kleiman）。虽然他们每个人的性格、观点截然不同，但个个才华横溢。在与他们徜徉于数学海洋的过程中，我逐渐养成了遇到问题先尝试独立思考的习惯。

爱迪生的研究所张贴着这样一句标语：人类有一种不好的性格，那就是妄图想出不用思考就能解决问题的便捷方法。很多人在从事研究的过程中，但凡遇到不懂的地方或需要思考的问题，就会试图从现有的书籍中寻找解决方法。如果翻阅一本书无果，就继续在下一本书中寻找答案，一整天的宝贵时间就此荒废。爱迪生的研究所中张贴的标语就是在告诫人们必须摒弃这种研究态度。

不要急于从书中寻找答案，要尝试独立思考。自己或许能想出解决方法，甚至能想出任何书籍都不曾记载的方法。通过这种方式得到答案，才是从事创造性工作的乐趣所在。

积累知识固然重要，但这只是最基本的。一些惊人的构想，比如数学家伽罗瓦提出的群论，并不仅仅是依靠过去积累的知识就能想到的。单纯积累知识不能让我们发现新的东西，即使有新的想法，这个想法也可能缺乏创造性。

可以说，"思考无益"这种想法本身就是徒劳无益的。

虽然麻烦，但还是先试着自己思考一下吧。说不定会有什么发现，也可能找到新的解决方法。培养遇到问题先独立思考的态度和习惯，对从事创造性工作大有裨益。如果能在聚集了有这种习惯的人的环境中工作就更好了。

具体来说，获取新发现的最佳方法是将知识解释给不明白的人听。在解释说明的过程中，我们往往会有新的发现。这个方法很难在专家之间达到很好的效果，因为他们理解这些知识，不会提出什么疑问。但以那些不懂的人为对象进行说明就不一样了。这些人看问题的角度和提出的疑问很可能帮助我们孕育出新的思路。

本书是三十多年前出版发行的，我结合自己五十岁以前的人生经历，在该书中陈述了"思考与学习"的美妙之处和重要性。

如今我再度执笔，如果我的人生经历和学术思想能为年轻读者提供参考，那么撰写本书就是有意义的。

广中平祐

2018 年 7 月

人生には 高い山に登るような

気分の時も 何度かある

山は高いほど遠くから眺めて

美しい 憧れる

しかし 登り始めると坂道あり

岩場あり 息苦しくもなる

人生之中，攀登高山之心境，时而有之。

山越高，远望之美越让人心生向往。

然而，开始攀登后难免会遇到突兀陡峭之路、山石迭起之途，让我们吃尽苦头。

だから 休む時もあって良い

元気を取りもどせば良いのだ

しかし頑張って頂点に達すれば

急に視界が広がって見渡せる

途中の苦労は無かったように

気力はよみがえり 気分は晴れ上る

此时不妨稍作休息，养精蓄锐。

不过，坚持到底，抵达顶峰后，目光所及之处就会瞬间化作一望无际的美景。

我们顿时会恢复体力，心情也变得舒畅，全然忘却登山过程中的劳苦与艰辛。

# 前言

在学校学习的各种各样的知识，究竟有多少能在自己将来的工作和生活中真正发挥作用呢？

最近经常有年轻朋友问我这个问题。在前不久的某档电视节目中，我又被问到了同样的问题。

这个问题很难用一句话回答清楚。的确，即使是现实社会中风光无限的人，现在接受初高中知识测验，至少在与自身工作毫无关系的科目上，也考不过校园内的初高中生吧。也许有人依稀记得一些知识点，但大部分知识已经忘到了九霄云外，所以写出正确答案并非易事。

对大多数人而言，学校生活中印象最深的并非学到的知识，而是某位老师的褒奖或训斥，或是学习因数分解时吃的苦头，又或是在课外活动和体育运动中度过的快乐时光。

那么，人为什么要学习呢？

人类的大脑可以把过去发生的事情忘得一干二净，包括学到的知识。准确来说，人类的大脑只能从中提取微乎其微的记忆。既然如此，人们又为何刻苦学习，求知若渴呢？对于这个问题，我的答案是为了获得智慧。我们在学习的过程中能够获得一种无形但意义非常重大的人生财富——智慧。只要能够创造出这种无形的智慧，遗忘所学的东西就不是人类的过错。举个例子，对于同一个知识点的理解，学过的人与从来没学过也完全没听说过的人截然不同，学过的人最起码有心理准备，只要花点时间就能把忘记的东西重新找回来，从而很快就能理解。

我把智慧的这种特性称为"灵活性"。另外，智慧还有深刻认识事物的"深刻性"，以及催生决断力的"强大性"。

对于"人为什么必须学习"这个问题，我给出的答案是为了获得这种智慧。

我将在本书中讲述做学问的乐趣与愉悦。

提到学问和学习的时候，大家通常会想到应试学习，这是一种与痛苦、无聊相伴的体验，更何况我的专业是数学，似乎没有什么乐趣可言。

即便如此，我还是想说做学问是一件愉快的事情，是一件可以让人感受到乐趣的事情。之所以这么说，是因为我们能体会到学习、思考和创造带来的快乐。学习是充满乐趣的，为了获得前文提到的智慧而进行学习是一件快乐的事情。思考就更有意思了。虽然在遇到人生难题的时候，被迫深入思考让我们觉得非常痛苦，但从整体层面来看，不得不说通过思考来解决问题的过程充满了乐趣。

另外，创造也是如此。我经常说"乐于创造的人生才是最精彩的人生"。什么是创造？这个问题很难回答。但创造绝不是学者和艺术家的专利，它来源于我们日常生活中的积累。

创造的乐趣与愉悦是发掘出自己完全没有意识到的潜力、天赋时所产生的惊喜，是深入认识自己的欢愉。

我将在本书中毫无保留地讲述自己的人生。目前我仍是一名数学家，尚处在经受自己学问折磨的阶段。原本我认为现在回顾自己的人生为时尚早。

但是，我最终还是答应了编辑部的要求。

年过五十的我有超过一半的时间都在与数学这门学问打交道。因此，我的人生论也可以说是学问论。不过，我还是想回避专业性的知识，尽量用通俗易懂的语言来与读者朋友分享我的人生。

如果我的人生经历和学术思想能够为年轻读者在人生道路上提供一点参考，那么撰写本书就是有意义的。

广中平祐

1982 年初秋

# 目　录

内文图片：Sakura 工艺社

照片提供：广中平祐

本书对 1982 年 10 月发行的《学问的发现》（佼成出版社）中的一部分照片进行了更换。书中（　）内标注的职位是初版时的内容。

# 第 1 章
## 生活与学习

## 发现创造

漫漫人生路上，每个人都会怀揣各种梦想阔步向前。

有的人认为自己从出生到现在几乎没有过像样的梦想，但其实他们的梦想不比那些现实中拥有很多梦想的人少，只不过那些梦想随着时光的流逝还没来得及实现就消失了。

有的梦想微不足道，有的梦想宏伟远大。有的梦想不会因岁月而褪色，有的梦想在未能实现的时光中像泡沫一般消失。

有的梦想似乎能立马实现，有的梦想脱离现实，无论我们付出多少时间和汗水都无法实现。

无论怎样，梦想是一个不可思议的东西。即使无法实现，但只要你的心中仍怀有这份梦想，它就会给你带来生活的动力，使你的心灵变得富足。

我年轻时也拥有过这样的梦想。

三十年前，我在读大学三年级的时候，就下定决心走数学这条道路。我对数学中的代数几何格外感兴趣，并投入了极大的学习热情。

代数几何在百年前以意大利为中心发展起来。不过，它的起源可以追溯到法国哲学家、物理学家、数学家笛卡儿（1596—1650，解析几何的创始人）。笛卡儿发明了由 $X$ 坐标和 $Y$ 坐标构成的坐标轴，由此，各种各样的图形可以变换成代数方程。反过来，随着坐标系的发展，复杂的方程也可以转换为图形。代数几何学就是以解析代数方程定义的图形（代数簇）的结构为目的发展起来的。

用更加专业的术语来讲，代数几何学这门学问研究的是由有限个变量 $x_1, x_2, \cdots, x_n$ 的有限个多项式所构成的联立方程 $f_1(x) = f_2(x) = \cdots = f_n(x) = 0$。

我原本非常喜欢几何学。然而，当时的我参加了京都大学举办的代数几何学研讨班，在那里，代数几何学让我感受到了几何与代数中都没有的乐趣。

---

**代数几何学**这门学问研究的是

由有限个变量 $x_1, x_2, \cdots, x_n$ 的有限个多项式所构成的联立方程

$$f_1(x) = f_2(x) - \cdots - f_n(x) = 0$$

　　有一次，研讨班上介绍了一个代数几何学的未解之谜。

　　我用一个例子来说明问题的梗概吧。大多数游乐园里会有过山车。请大家想象一下过山车在明媚的春光中驰骋的场景。有乘坐经验的人或许知道，过山车的轨道设计得很巧妙。正是因为轨道的光滑曲线是根据力学计算出来的，所以每当车体急速下降时，乘客都会发出尖叫声，也可以说是欢呼声，但乘客的人身安全是有保障的。

　　然而，我们可以看到，过山车的轨道投射到地面上的影子是一个极为复杂的图形。一般来说，任何物体的影子看起来都比较复杂，过山车轨道的影子必然也是如此，有的地方线条错综复杂形成交点，有的地方形状则突然锋利起来。实际上，如果单看过山车轨道的影子，就会明白这是一个令人不寒而栗的危险图形，看过这样的图形后，每次发出欢呼声，心里都为之一惊。

　　图形中两条线的交点或尖点，在代数几何中称为奇点。

　　由代数方程转换的图形大多会产生奇点，从数学应用的角度来看，这种奇点非常令人头疼。那么，怎样才能消除这种奇点呢？利用哪个定理能够把具有奇点的图形变换成没有奇点的图形呢？

　　这就是京都大学研讨班上介绍的课题——奇点解消问题。

当时，数学界并不是没有奇点解消的理论。虽然任何维度的图形都会产生奇点，但维度小于四的图形中的奇点，其解消理论早已诞生。

然而，当时的理论还不足以称为定理。人们普遍认为这个定理可能要很久之后才会出现，甚至怀疑是否真的存在这样的理论。之所以这么说，是因为三维图形的奇点解消理论给人留下一种很别扭的印象，总之十分费解，让人觉得没有比它更难的东西了。

三维图形的奇点解消理论已经如此深奥，那么四维以上图形的奇点解消理论就更加遥不可及了吧。我想这是参加研讨班的同学们的共识，也是全世界数学家们的真实想法。这是一个从未有人解决过也没人能解决的世界难题。

换一种稍带神秘色彩的说法解释奇点解消定理，那就是它是一种解析物体本身与其影子之间关系的理论。

用过山车轨道的例子来说明，就是该定理用于证明没有奇点的过山车轨道本身与具有奇点的过山车轨道影子之间的关系。一旦发现这样的定理，就能彻底消除奇点，所有影子就会与其本身如出一辙。

下面我来讲讲自己当时的梦想。

当时的我尚未拥有十分精湛的数学技能，也并非天赋异禀之人，所以压根没想着去挑战这个问题。而且我很清楚，无论自己在这个问题上花费多少时间，即便竭尽所能，到头来也只是徒劳一场。

但是，我被这个问题深深地吸引了，那种感觉就像自己爱上了一位美若天仙的女性。为什么我会感到它有如此大的魅力呢？或许是因为人们都说它太复杂了吧。

物体本身与其影子的关系，借用佛教的话来说，就好似"佛的世界与人间"的关系。对于宗教，尤其是佛教的知识，我知之甚少，时至今日依然如此。要说自己曾参与过的有关佛教的活动，也就是小时候受父亲之命每天早上面向佛坛双手合十而已，没怎么诵读过佛经和普通的佛教书籍。对佛教不甚了解的我当知道奇点解消这个问题的时候，竟然将二者联系在了一起，现在想起来也觉得不可思议。但不管怎样，这个问题之所以如此吸引我，就是因为我觉得物体本身与其影子的关系和佛的世界与人间的关系类似。

人生在世会因各种各样的烦恼而受尽折磨。烦恼是什么？虽然我不清楚佛教如何定义这个词语的本意，但我猜大概就是令人困惑、苦恼的东西，换句话说就是让人吃尽苦头的欲望或邪念吧。据说除夕夜 ① 在寺院敲 108 下钟寓意消除 108 种烦恼，还有佛教中的"八万四千烦恼"一词，它表示人一出生就有这么多的烦恼，而且会因这些烦恼而困惑、苦恼，甚至犯错。

这大概就是人间——每个人都会遇到糟心的事情，众人心中都隐藏着烦恼。

佛的世界是怎样的呢？在佛的世界里，一切烦恼都烟消云散。而且，从佛的世界来看人间，所有不合理的现象都不是没有道理的，这些现象只不过遵循了一种高深的因果律而已。

我认为，物体的影子中出现的奇点，其实就像佛的世界中的影子，也就是人间的无数烦恼。夸张一点来说，奇点解消就好比消除烦恼前往佛的维度，继而发现支配影子的因果律。

年轻读者可能很难通过这个抽象的例子理解奇点解消。总之，当时我就是以上述视角来看待这个数学问题的。

当时的我无法解决这个现代代数几何学的一大难题。要是有人解决了这个问题，就能载入长达四千年的数学史册。虽然这是我无法实现的梦想，但它还是令我心潮澎湃。

转眼间，过去十年。

十年后，我实现了这个梦想。1962 年我完成论文《在特征零

---

① 这里指日本的除夕夜，也就是 12 月 31 日晚上。——译者注

的域上代数簇的奇点解消》，并于 1964 年在美国的《数学年刊》（*Annals of Mathematics*）上发表。作为 20 世纪的数学定理之一，这个奇点解消定理应用广泛，得到了很高的评价。

不过，在此期间我并没有把全部精力放在解决奇点解消的问题上，这一点会在后面详细介绍。我未想过自己能解决这个问题，但没想到后来的学习和工作全都聚焦到了奇点解消上。从结果来说，学生时代的梦想一直以一种无形的方式牵引着我，使我在数学的世界里一路前进。

无论如何，作为一名数学家，在我从事的研究课题中，奇点解消定理都可以说是我的代表作。

我打算在本书中谈谈自己的人生。

在这五十余年间，我有大半时间都与数学这门学问形影相随。那么，我想要谈的人生自然也是数学的学问论。学问论这个词给人一种严谨的感觉。不过，我想通过回顾奇点解消这一学术成就的研究过程和自己的人生经历，来谈谈关于"学习"和"创造"的体会。

最近，我在与年轻人交流的时候，一定会说"乐于创造的人生才是最精彩的人生"这句话。那么，什么是创造？对创造来说，重要的是什么？创造是怎样产生的？创造的乐趣是什么？

这些问题就像"恋爱的乐趣是什么"这种问题一样难以回答。但是我认为创造的乐趣是发掘出自身完全没有意识到的潜力、天赋时所产生的惊喜，也就是发现新的自己，深入认识自己所产生的快乐。

本书以"学问的发现"为主题就是出于上述理由，我觉得有必要先提一下"学习"这个话题，因为像我这种并非天才的普通人在有所创造之前必然要经历学习的阶段。

创造之前必须学习。这个道理并不仅限于学术界。

下面我想谈谈我学了什么，又是怎样学的。

## 人生之师

有句话说"如果天才过了二十岁，就会沦为一个普通人"。的确，过去好像有很多这样的例子。年少时被视为天才的人，长大后却碌碌无为。不过也有例外。德国数学家高斯（Gauss）在少年时代就展现出其过人的天赋，他在天才的光环中不断成长，在纯粹数学、应用数学和其他学科领域都取得了不可估量的成就。像高斯这样的天才不在少数。

我在数学圈摸爬滚打了三十余年，也遇到过几位像高斯那样的"长寿型"天才。每次遇到这样的人，我都会感叹，上天为什么喜欢搞这样的恶作剧。当然，因为上天没把才能平均分配给众人就说这是恶作剧，也不太合适。

人外有人，天外有天。从我二十六岁在美国哈佛大学留学起到现在，毫不夸张地说，我在世界各地遇到过好几个让人惊叹不已的天才。

菲尔兹奖是依照加拿大数学家菲尔兹的遗志设立的国际性数学奖项。该奖项每四年颁发一次，授予在数学界做出卓越贡献的数学家，是数学领域的最高奖项。由于诺贝尔奖中没有设立数学这门学科的奖项，所以菲尔兹奖也被称为"数学界的诺贝尔奖"。令我震惊的是，世界上竟然有人在二十八岁时就获得了该奖。虽然 1970 年我也有幸获得菲尔兹奖，但当时我已经三十九岁了。该奖规定获奖者必须未满四十岁，所以我的获奖年龄属于最大的了。

说点题外话，我取得哈佛大学博士学位的那一年，在同时获得博士学位的同学中，我的年龄也是最大的。其中甚至有一个比我小七岁的人，他二十二岁便获得了博士学位。正因如此，在学位授予仪式上，我显得很不起眼。在哈佛大学的历史中，还有一位十八岁就获得博士学位的年轻人。海阔凭鱼跃，天高任鸟飞，天才无处不在。

那么，天才的生活方式是不是与普通人的完全不同，没有一点可借鉴的地方呢？我想并非如此。可以读读牛顿（1643—1727，英国数学家、物理学家）和爱因斯坦（1879—1955，20 世纪最伟大的理论物理学家）的传记。我们无须拒绝承认他们的伟大才能，他们的伟大才能之中蕴藏着普通人可以借鉴的睿智。我们可以从中汲取营养来丰富自己的人生。

我也通过书籍了解天才、伟人的人生，这令我受益匪浅。不过，在过去的五十一年中，关于生活的态度，我似乎从日常生活中遇到的形形色色的普通人身上学到了更多。我的"人生之师"更多是身边的人。

对年轻人来说，通过书籍了解伟人的生平固然重要，但也不要忘记自己身边的人，比如父母和朋友，他们之中也有对你来说不可替代的"人生之师"。因此，我必须谈一谈自己身边的人。

## 以父为师

对尚未长大成人的孩子来说，自己身边最具体的成人模范便是父母。无论你是否尊敬自己的父母，都不能否认这个事实。

我认为，对孩子来说，离自己最近的父母大致可分为两种类型。一种类型是努力成为受孩子尊敬的父母。为此，他们不让孩子看到自己的缺点，只让孩子看到自己的优点。另一种类型是会把最真实的自己展现给孩子的父母。这种类型的父母当然不会在孩子面前掩饰自己的优缺点，痛苦的时候就流露出痛苦的表情，有烦恼时也会对孩子全盘托出，疲惫的时候也会在孩子面前展现出懒散的样子。

那么，哪一种类型的父母是孩子人生的榜样呢？至少我认为应该是后者。也就是说，只有在孩子面前展露出真实自己的父母，才能传授给孩子更多的人生财富。

我的父母就属于第二种类型。现在回想起来，我才发现自己从父母那里学到了无可替代的东西，这些东西支撑着我走出精彩的人生之路。

我的父亲叫广中泰辅，在位于山口县东部的玖珂郡由宇町

（现在的岩国市）经商。我出生和成长的由宇町是一个毗邻濑户内海的海滨小町。父亲在这里经营一家纺织品批发店，还拥有自己的工厂。当时在乡下，父亲虽然很想进入中学（旧制中学，相当于现在的高中）接受教育，但是我的祖父在父亲十三岁那年突然离世。为了照顾祖母，父亲选择去当用人，最终成为一名成功的商人。从用人到老板，父亲肯定历经了千辛万苦。不过，他从未提及过去经历的苦难，所以我对当时的情况知之甚少。

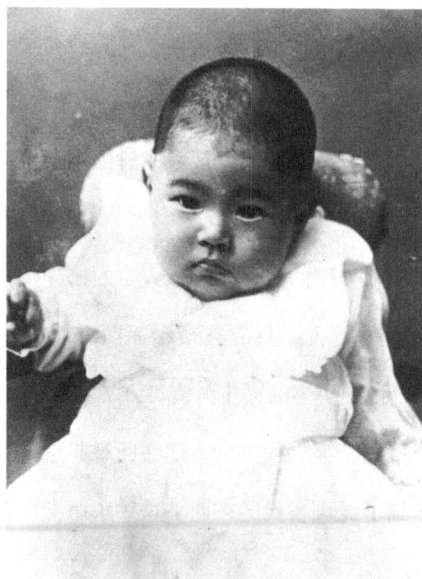

我出生在毗邻濑户内海的海滨小町（百天照）

生意兴隆的时候，纺织厂里会有五十名工人上整班，产品甚至远销国外。父亲是"不在地主"①，拥有三千五百坪②左右的耕地。在乡下，我家算是比较富裕的。

我出生于 1931 年，少年时代衣食无忧。说点题外话，当时家庭不怎么富裕的孩子是没条件喝牛奶的，而我上小学（由宇国民学校，也就是现在的由宇小学）时每天午休都会喝到母亲送来的牛奶。我记得当时家里还有风琴，整个町里也只有我家才有。

然而，战争带来的动乱改变了一切，我家也走上了下坡路。那段时期，由于缺乏原材料，父亲的纺织厂顷刻陷入了停产状态。此后，从 1946 年开始施行的土地改革再次给我们家带来沉重的打击，父亲那三千五百坪的耕地如同白送一样被迫卖掉，还恰好赶上更换新币。父亲兢兢业业打拼积累的财富就这样化为泡影。为了缴纳庞大的财产税，以及在战后的通货膨胀风暴中抚养家里十几个不知如何赚钱养家的孩子，父亲很快把纺织厂转让了出去。建筑面积达一百五十坪的房屋、庭院也接连不断地被卖掉，如今仅剩下几处土地和房屋。

---

① 长期不在本乡居住的地主。——译者注
② 在日本，坪是一种常用的面积单位。1 坪约等于 3.3057 平方米。——译者注

　　谁都无法预知这种威胁到生存的事情会在何时发生在自己的人生中。在这类事情中，既有无法填饱肚子这种物质层面的情况，也有深陷苦恼等精神层面的情况。无论是哪种情况，逆境大多会搞突然袭击，让人猝不及防。不过，如何对待这种逆境，如何应对人生中的不如意能检验人的真正价值。古今中外，拥有气度和才干的人大多会经历不得志的时期，但他们通常能转危为机，通过不懈努力迎来雨后彩虹。当时我的父亲正处于这种时期。

我们一家的全家福照片（中间戴学生帽的是我）

不过，我的父亲并没有惊慌失措。即使陷入深渊，走投无路，他也有自己独特的办法来应对。父亲做起了流动商贩。

父亲每天很早起床，穿上过去从未穿过的粗布衣服，带上没有什么蔬菜的便当，把纺织货品固定在自行车的后架上，到附近的町和村子走街串巷卖货。昨天还被人尊称为老板的人，今天却以小商贩的身份出现在各家各户的门前，低头卖起了廉价的纺织品。认识父亲的人看到这种场景，想必会十分诧异吧。不过，父亲却安之若素，一如既往地抱有不屈不挠的生活态度，仿佛在说"看我的"。父亲并不是在逞强，他原本就活得如此坚毅和顽强。既然决定做流动商贩，任何人都不能磨灭他的自信。

父亲的这种自信到底是什么呢？

我想这种自信来自于他在过去的岁月中悟出的人生哲学——自食其力是最值得尊重的。

在我家完全衰落之前，我还有过一段令人难忘的经历。二战结束后不久，当时还是高中生的我曾利用业余时间在工地做过小工。当时山林采伐作业不断，一下大雨就出现堤坝决口、洪水泛滥的情况，因此护堤工程时有开展。我和朋友们一起参与过护堤工程。倒不是为了贴补家用，而是单纯出于好奇心，毕竟那时我家靠变卖家当尚能维持生计。我与大人们混在一起做了一个月左右的工，拿到了微薄的工钱。

当我把这笔工钱拿回家时，父亲格外高兴。他开心地对我说："这是你靠自己的双手挣来的第一笔钱，真棒！"话毕，他便把我的工钱供到了佛龛上，并把我拉到他的身边坐下，对我说快拜一拜。当时的我很是不解，觉得父亲有些小题大做。不过现在回想起来，我倒是理解父亲的用意了。对父亲而言，孩子第一次靠自己的汗水挣钱是一件值得纪念的事情，是值得拜一拜的。

所谓生活就是自食其力。不依靠任何人，靠自己的力量赚钱，不讲究什么体面。这才是人的价值和强大之处。在我们一家生活陷入危机之际，父亲用他自己的实际行动表明了这种人生态度。

我虽然看上去是一个与赚钱无缘的学者，但我在不知不觉中学到了父亲的这种处世之道，并将它灵活运用于自己的人生。

读到这里，大家可能认为当时的我是一个格外尊敬自己父亲的孩子，但其实并不完全如此。虽然我从来没有看不起自己的父亲，但我记得有反抗过父亲让我经商的决定，甚至为此发生过正面冲突。

即便如此，我还是在不知不觉中继承了父亲的这份精神遗产。无论孩子喜不喜欢父母，对孩子而言，父母都是活生生的榜样，是在任何教科书上都找不到的样板。孩子会在潜移默化中学到父母的人生观。

一个人如果有意识并积极地向离自己最近的父母学习他们身上的品质，那么应该能学到许多支撑自己人生的不可替代的东西。

## 母亲的生活方式

我认为世上没有人会严于律己，宽以待人。通常情况下，如果一个人对自己要求严格，那么他对别人也会严格。

我的父亲是一个严于律己的男人。步入晚年的他曾给我们这些孩子看过家规。我们家的家规是父亲在他二十岁时亲手制定的，他一直独自默默地遵守着这个家规。"乐善好施""以俭朴为宗旨，发扬勤俭的美德"……家规中写着一条条这样的内容。

1924 年，当时父亲还被人尊称为老板，他向町上捐赠了一万日元的教育费用。町里每年以这笔钱的利息作为活动经费，安排老师带领来自三个小学的五名六年级学生去参拜伊势神宫。我看到家规的时候忽然想到，这大概就是父亲在用实际行动履行"乐善好施"的准则吧。父亲对自己要求十分严格，这种人通常对他人也非常严格。

在这一点上，即使是自己的孩子也不例外。作为一名天生的生意人，父亲最不能容忍的就是浪费。

比如，有一次母亲买了很多点心回来，久旱逢甘霖，我们几个孩子都非常高兴。母亲说先让父亲吃一块，然后把点心递到了他的面前。然而，父亲当着我们的面一脚踢飞了点心，并大声斥责母亲："有买点心的钱，不如给孩子们买点米吃！"当时我正读高中，下面还有八个弟弟妹妹。那时我觉得父亲蛮不讲理，而母亲则让人同情。

另外，父亲也不允许我们在徒劳无益的事情上浪费时间。对父亲而言，徒劳无益的事情就是无法产生效益的事情。按照这种标准，孩子为了考试而学习也是徒劳无益的事情。父亲认为大学是那种不学习也能考上的人去的地方。因此，我不得不抱着小桌子躲到壁橱等父亲看不到的地方打开手电筒学习。放学回家，父亲一看到我就说："走，一起挑粪去！"然后把我拉到田里施肥。除此之外，在礼节方面父亲也是相当严格的。

在这种父亲的影响下，孩子往往容易变得乖僻。现在这样的例子依然屡见不鲜。

不过，我和我的兄弟姐妹们总算没有变得乖僻。这是因为虽然我们有一个强势且严厉的父亲，但好在还有一个袒护我们的母亲。

美国的本杰明·麦克林·斯波克（Benjamin Mclane Spock）博士曾写过一本非常畅销的育儿书《婴幼儿保健常识》(*The*

*Common Sense Book of Baby and Child Care*）。我和他聊天的时候，他告诉我在孩子的成长过程中，身边有一位总是站在自己这一边的人至关重要。我的母亲就是斯波克博士所说的那种总是站在孩子这一边的人。

大家可能认为我的母亲是那种事无巨细地照顾孩子的类型，实际上正好相反。用现在的话来说，母亲坚持的是一种"自由放任"的教育方法。

母亲的这种养育子女的态度并非源于某种教育理念。对孩子放任不管是迫不得已的结果。

我的母亲叫广中松惠，她和父亲都是再婚。他们都失去过配偶，而我的母亲是父亲亡妻的妹妹。母亲嫁到广中家时，带着一个刚出生不久的男孩。当时广中家有两个男孩和两个女孩，因此母亲一嫁到广中家就有五个孩子。此后夫妇二人又生了十个孩子，所以母亲总共有十五个孩子。

在当时那个年代，家里孩子多并不是一件稀奇的事情，不过一个家拥有十五个孩子还是比较少见的。

当时母亲过得并不辛苦。我家在走向衰落之前，有两三个管家和三个保姆，他们会替母亲干家务、带孩子，所以母亲的日子过得很舒服。后来这些人走了以后，母亲就开始操劳起来。

被永远站在孩子这一方的母亲（左一）抱在怀里

　　独自照顾十五个孩子很不现实，于是母亲不得不对我们这些孩子采取"自由放任"的教育态度。

　　母亲对我们的管教并不严格。面对孩子们提出的想法和要求，她始终回答"好"来表示赞同。

　　不过，母亲在养育子女方面还是遵循一定章法的，她并不是一个百分百的自由放任主义者。

　　她的原则是无论发生什么事情，都要避免出现最坏的情况。比如，对母亲而言，孩子死亡就是最坏的情况。

在十五个孩子中，我的两个哥哥都死于战争时期。其余十三个人至今健在。（我在十五个孩子中排行老七，男孩中排行老四。我是父母再婚后生的第二个孩子，也是他们两个所生的第一个男孩。）现已七十八岁高龄的母亲对此感到十分自豪。

十三个孩子中也确实有人受过重伤，我就是其中之一。那年我八岁，有一次想偷吃放在橱柜上的点心。我沿着玻璃窗往上爬，脚下一滑踩进玻璃里，受了重伤，伤痕至今没有完全消失。母亲当时虽然也很惊慌，但她说幸好没有伤及性命。这句话体现了母亲养育孩子最重要的准则。十三个孩子平平安安长大成人，这就是她骄傲的资本。

母亲总是以这种方式对待孩子。即使学习成绩不好也没关系，只要去上学就行；即使平庸无为也没关系，只要不伤害他人，不给家人带来痛苦就行。总之，母亲采取的是一种只要避开最坏情况即可的教育方法。

我不知道母亲的这种教育方法是否适用于其他家庭。不过，如今我也是有两个孩子的父亲了，两个孩子现在一个读高中，一个读大学。回想一下我对他们的教育，我发现自己在教育方法上与母亲的想法相近。不光是作为一个父亲，作为一个学者，我也好像一直坚持只要避开最坏情况就行的行事准则。这是我从母亲那里继承过来的精神财富，或者说是我在不知不觉中学到的东西。

此外，我还从母亲身上学到了另一种理念。

这个理念就是在我们思考问题时，思考这个行为本身是有意义、有价值的。

小孩子总是会向自己的母亲问东问西，当然我也不例外。记得我在五岁左右的时候，有一次和母亲一起泡澡，当时我问她手在水中为什么会变得轻飘飘的。母亲没什么文化，她和父亲一样，这辈子几乎没有和学问产生过交集，她所掌握的知识并不足以回答我的问题。

"声音从哪里来？又是怎样产生的呢？"

"鼻子为什么能够闻到气味？"

"小小的眼睛为什么能看到大大的房子和辽阔的景色？"

除此之外，我还问过许多问题，然而母亲从不急于尝试给出答案。

不过，母亲也不说"不知道"，也不会不耐烦地说"这个问题很简单，你自己好好想想"。

她会歪着头思考，说："为什么会这样呢？"

然后我会问："怎么做才能知道答案呢？"

对任何事物都感到好奇并发问的我，让母亲很头疼（五岁的夏天）

这时，母亲会告诉我等我长大以后好好学习就知道了，然后和我一起陷入沉思。然而，无论怎么思考，也从没得出过答案。于是母亲就带我到附近的神社去咨询神主①，或者到关系比较好的医生家里去问。

在当时的乡下，神主和医生是为数不多的知识分子。母亲会恭敬地低着头对他们说我提出了这样的问题，让他们帮忙解释一下。在母亲的帮助下，我总算得到了答案，尽管我还是不怎么明白。

① 日本的神社中负责祭祀这一项目的神职人员。——译者注

在不断询问的过程中，幼小的我懂得了思考本身的意义。

母亲用实际行动告诉我思考的乐趣。这对我做学者和做人而言，都是任何东西都无法替代的精神财富。

我在前面也说过，母亲是一名普普通通的女性。在学识上她甚至连一般的母亲都比不上，也无法为孩子们的人生提供指引。在她看来，只要遵循一定的行为准则，做什么都可以。母亲就是这么一个被迫采取"自由放任"教育方针的人。

即便如此，只要真的想学，就一定能从这样的母亲身上学到很多重要的东西。

## 深入思考的能力

人无法选择自己的父母，但可以选择朋友。虽然择友标准因人而异，但交到的朋友有时会对自己的人生产生巨大的影响。虽然朋友不像父母那样与我们朝夕相处，但他们也会给我们的人生带来积极或消极的影响。

直到现在，我依然常常在自己的身边寻找可敬之人，并试图从他们身上学点什么。大概从读初中开始，我就有意识地使用这种学习方法。这可能是由我的性格决定的，但也不完全如此。

天赋异禀的孩子或出自书香门第的孩子可能不需要用这种方法，但是，来自普通家庭才华平平的孩子只能通过这种方法去学习。现在回想起来，我认为这是最适合我这类人的学习方法。

人与人之间的相遇交织着幸运与不幸两种情形。朋友之间的相识也是如此。从这一点上讲，可以说我是幸运的。因为从初中时代起，我就有意识地使用这种学习方法，而且交到了几个在学习上甚至在此后的人生中，都令我受益匪浅的朋友。

了解到朋友的重要性的中学时代

1944 年 4 月，我考入山口县县立柳井初中。坐火车从由宇町
到学校需要 35 分钟。

当时的初中是四年制（五年毕业也可以）的。1948 年 4 月我
读完了四年初中，恰好赶上学制改革①，突然升入新制高中的二年
级。也就是说，我在旧制的柳井初中读了四年，在新制的柳井高
中又读了两年，就这样成为柳井学校的第一届毕业生。

在中学时代和我关系亲密的几个朋友中，有一个叫藤本繁的
同学。他在学习成绩方面算不上出类拔萃，但在学校里是个与众

① 第二次世界大战后，日本进行教育改革，建立了"六三三四制"的学校教育体制。——译者注

不同的人。他沉默寡言，总是一个人思考着什么。因此，大家用柳井方言给藤本起了个"闷油瓶"的绰号。总之，他老是沉默不语，反而显得引人注目。

不知从什么时候开始，我渐渐接近他并和他讲话。不知道为什么，我对他很感兴趣。

现在想想，我大概明白自己为什么会对他感兴趣了。我是一个非常直爽的人，现在也是如此，跟谁都能愉快地交谈。不过，我也喜欢独自一人专心思考。我确实有这样的两面性，一方面我喜欢与他人交流，另一方面我喜欢独处思考。我想，或许是那个喜欢独处思考的我对藤本感兴趣，然后去接近他的吧。同时，他肯定也感觉到了我喜欢独自思考的那一面，所以才与我交朋友。

在上学路上，我们会一起思考和讨论"哲学是什么""艺术对社会是否有益"等问题。比如，我说肖邦的音乐是优美音符的组合。他思考一会儿后对我说："不，只有肖邦这样的作曲家才能创作出感情如此丰沛的音乐。"然后我问它感情是什么，他又陷入沉思。

我们之间谈论的大多是这种完全脱离现实的话题，也就是一些哲学问题，我们会交换各自的想法和意见。

藤本每天早上从由宇的上一站神代站乘车。我们在去学校的途中，断断续续地讨论着哲学方面的观点。虽然聊的是一些与学习无关的话题，但这些话题对我们而言是深刻且重要的，我们也很享受深入思考这些问题所带来的乐趣。

说句题外话。前几年，我有幸与哲学家梅原猛先生进行过一次谈话。

梅原先生并不了解我获得菲尔兹奖的数学理论，当我用前文讲述的例子对奇点解消问题进行解释说明后，梅原先生对我说："这其实是哲学问题嘛。感觉是用数学语言证明了哲学观点，其实是在讲本体论。"

我说："数学问题最终都要从逻辑上加以解决，所以要对问题不断进行限制，使其公式化，最后才能证明出来。但是，问题的出发点毕竟是人想出来的，它的背后也存在很多模糊的概念，因此数学问题看起来很像哲学问题。"

数学这门学问确实是从人类的哲学思想出发的。从这一点来说，我在青春时代与藤本讨论那些与学习无关的哲学话题，了解了他的那种个性，这些都是有意义的。

言归正传，我从母亲身上学到了思考的乐趣，认识到思考这一行为本身是有价值的。后来与藤本相识，在和他不断交流的过程中提高了深入思考的能力。

　　我并不建议对任何问题都盲目地深入思考，因为这会妨碍我们的工作。但是，在漫长的人生路上，我们一般会有几个不得不深入思考的时刻。

　　比如，像我父亲经历的那种生活危机，每个人都可能在自己的人生中遇上。又比如，自己或亲人犯下很大的错误并因此感到生不如死的情况说不定也会出现在我们漫长的人生中。我认为这种时刻才最需要发挥我们的深入思考能力。当你看不到希望或不知道从哪里入手来解决问题时，真正可以依赖的只有自己的思考能力。

　　我在和藤本交友的过程中培养的深入思考能力使我受用终身。

　　布莱士·帕斯卡 ①（Blaise Pascal）曾说"人是一根会思考的芦苇"。没有不会思考的人。不过，我认为一个人一定要在离开父母之前掌握在非常时期能发挥关键作用的深入思考能力和素养。

　　其实，学习的目的之一就是培养这种思考能力。

---

① 　布莱士·帕斯卡（1623—1662），法国数学家、物理学家、思想家。——译者注

## 学习和人的智慧

人为什么要学习呢？虽然我刚才提到学习的目的之一是培养思考能力，但对于这个问题，我其实并不知道该如何回答。说实话，我的学习之路就是这么稀里糊涂地走过来的。但是，每当学生向我提出这个问题的时候，我又总是能给出答案。我想在此谈谈这个问题。

人脑不仅能把过去发生的事情忘掉，还能把过去学到的知识忘得一干二净。计算机和机器人是不具备这种遗忘能力的。拥有遗忘的能力是人类的长处，也是短处。

人类特有的遗忘能力作为长处出现的情况不胜枚举。人要是不能忘记日常生活中那些无关痛痒的琐事，不能忘记那些令人讨厌、令人生气的事，肯定会变得神经衰弱。从这一点来说，人类的遗忘能力是十分宝贵的。

那么，在什么情况下人类的遗忘能力会作为短处出现呢？例如：考上大学后就忘了高中学到的知识；找到工作后就忘了大学学到的知识；拿到资格证书后就忘了备考时努力学到的知识。在这些例子中，人类的遗忘能力都作为一种负面的能力出现。

既然学了也会忘，那为什么还要不辞辛苦地去学习呢？

每当学生问我这个问题的时候，我总是说学习是为了获得智慧。也就是说，我认为我们在学习的过程中，能够获得一种无形的但又十分宝贵的人生财富——智慧。只要能够获得这种智慧，遗忘学过的知识就无可厚非。从结果来说，学习也不是徒劳无益的。因此，我会告诉学生努力学习，遗忘之后再努力学习。

那么，智慧到底是什么呢？这是一个非常模糊的概念，很难一下子分析清楚。不过，有一点是明确的，那就是智慧形成于人体的某个部位。

这个部位就是脑。由此，我们可以推测智慧与人脑的结构存在某种关系。要弄明白人脑的特性，与其将人脑和猿猴等动物的脑进行比较，不如将其与同样具有大脑功能的计算机、机器人进行比较更方便。

我在前面说过，遗忘是人类特有的能力，计算机和机器人不具备这样的能力，但其实这种表述是不准确的。人脑中约有140亿个神经细胞，似乎能够存储无数信息，事实上也的确如此。然而，人类无法像计算机那样随意提取记忆中的内容，人只能从大脑记忆中提取很少的信息。人脑和计算机的差异就在于此。不管怎样，人脑中存储着无数的信息是不争的事实。准确来说，人类不是拥有"遗忘"的能力，而是拥有"让脑中存储的信息处于无法提取出来的状态"的能力。

我认为这是人脑独有的"弹性"。这里所说的"弹性"是数学意义上的"弹性"。也就是说，这里的两个变量分别是"能够随时提取的"微量信息和以"无法立即提取出来"的形式存储在脑中的庞大信息，我把二者的比值视为人脑的"弹性"。

其实，人脑所拥有的这种"弹性"是形成智慧的要素之一。

下面我举例来说明一下。假设现在有一个文科专业的大学生在写毕业论文，他的论文中需要用到高中时学过的因数分解。然而，他在大学里光顾着研究文科类的学问，把因数分解的知识忘得一干二净。该怎么办呢？要么直接去图书馆查阅相关图书，要么去请教理科专业的朋友，总之肯定会设法解决这个问题。花费了一点精力解决问题后，他肯定会发出"啊，原来是这样"的感叹。之所以会有这样的反应，是因为高中时学过的因数分解的基础知识在脑中一直处于休眠的状态。因此，他能够在短时间内轻松理解这个知识点。若换作从来没有学过数学的人，理解因数分解就需要耗费很多时间和精力了。

那些存储在脑中无法提取出来的知识，并非永远无法激活，只要我们花一点精力，创造一些契机，就能轻而易举地将其提取出来。正因为人脑拥有"弹性"，才会出现上述情况。

我认为智慧也具有与"弹性"相像的特性。我把智慧的这种特性称为灵活性。在学习和遗忘相互交替的过程中，人自然而然地在头脑中培育了这种特性。

智慧形成于人脑，而人脑也在广泛地观察事物并进行思考，这也是人脑与计算机的不同之处。也就是说，人类的思考方式更加灵活。

例如，即使让计算机看电影，它也不懂欣赏。这是因为计算机只能把一个个镜头识别成碎片化的画面，无法识别出其中连续的信息。但是人不一样，我们在看到一个镜头后会在脑中留下清晰的印象，同时忽略前后两个镜头之间转换的时间，把对前一个镜头的印象保留至下一个镜头，使二者重叠。人之所以能做到这一点，是因为人脑时而敏锐，时而迟钝，而且针对刺激能做出反应并使反应延续。总之，人类具有从不连续的画面中读取连续信息的能力。

人脑的这种灵活性在思考问题时也能发挥作用，联想就是一个很好的例子。

假设我们在阅读文章，特别是诗歌或格言时，把联想到的与文中内容不同的词句罗列出来，然后尝试从中挑选一些词句组成新的文章。这么操作之后，再重新阅读原来的文章，就会加深对原文的理解，并产生一种新鲜感。拓展语言的意思体现了人脑的灵活性，联想就是源于人脑的这个特性。

另外，人脑还发挥着看出若干不同事物之间的共同点的作用，联想也与之息息相关。下面我用一个简单的数学例子来解释一下。圆形和三角形的共同点是二者都具有把平面分割成内部和外部的性质。日语的片假名"コ"没有这个性质，阿拉伯数字"8"则将平面分成了三部分。在实际生活中，我们在归纳讨论结果的时候，这种从不同意见中发现共同点的能力是非常有用的。

综上所述，人在思考问题时会采用灵活的思维方式，也只有这样才能让思考逐步深入下去。

我在前面说过，在漫长的人生路上，我们会有不得不深入思考的时刻，培养深入思考的能力也是我们学习的目的之一。这种深入思考的能力就是智慧的"深刻性"，该特性只有通过学习才能形成。对不学习的人而言，他的大脑由于缺席了灵活思考的"课程"，所以不具备深入思考的能力，自然形成不了"深刻性"这一智慧的特性。

智慧共有三个特性，除了前面提到的"灵活性"和"深刻性"，还有"强大性"。智慧的强大性指的是决断力。

我们在人生路上面临的问题，并不像谜题和试卷那样事先准备好了对应的答案。谜题是寻找答案的问题，而人生中的问题都是一些必须耗费相当长的时间才能掌握其真谛，甚至永远无法解决的难题。因此，一个人如果一定要长年累月了解一切后才采取行动，那么他将无法在社会上立足。

即使有些疾病在现在的医学水平下尚未完全弄清楚，医生在面对备受折磨的患者时，也要做出诊断。同样，无论人面对多大的难题，都必须做出决断，必须进入下一个阶段。

我在前面说过，人脑具有从不连续的画面中读取连续信息的灵活性。换句话说，人脑可以把跳跃的信息转换成不跳跃的信息。因此，人可以实现思维跳跃，而计算机和机器人不能。

人的决断力以及在某些方面进行突破的能力就是智慧的"强大性"。这个特性也是在看起来与人生没有直接联系的学习中逐步形成的。

除了以上讲到的三个特性，智慧还具有一些其他的特性。总之，如果"人为什么必须学习"这个问题存在答案，那么这个答案只能是"为了获得智慧"。

## 教会我坚持不懈的朋友

我们回到思考问题这个话题上来。

我认为思考问题的方式有两种：一种是短时间内完成思考的即刻思考方式；另一种是长时间内完成思考的长期思考方式。所谓的"思考达人"，或许就是指那些能够根据思考的对象或问题，灵活运用这两种思考方式的人吧。

但是，现在的中学教育环境并不能让学生充分锻炼长期思考能力。学生在校训练的多半是即刻思考能力，毕竟他们要在入学考试中做到短时间内解开问题。这是一种不幸且不全面的教育方法。总之，未针对长期思考能力进行训练的人是无法进行深入思考的。因此，无论如何强化这种需要即刻思考能力的学习，都无法产生前文所说的智慧的"深刻性"。

从这一点来看，可以说我的中学时代是幸运的。那个时代的考试制度并没有现在这么严格，学生们可以把时间充分利用在自己喜欢的科目、体育运动和课外活动上。当时那种轻松的学习氛围是我们今天无法想象的。

讴歌青春的高中时代（右二是我）

不过，当时的社会动荡不安。毕竟那是一个动乱的时代，社会发生着剧烈的变化，教育环境也混乱不堪。尤其是战争结束后，日本掀起一股入学热潮，学生人数骤增，整个学校笼罩着一种不安定的气氛。当时又赶上学制改革，教学课程与教材也是乱七八糟的。

在我们这一代人中，如此混乱的教育肯定对一些人的人生产生了负面影响。但是对我而言，那是一个难得的时代，时至今日我依然这么认为。在这种混乱不堪的教育环境下，我反倒可以自由地学习，也有充裕的时间去集中精力思考问题。

当时所有科目的课程都不成体系，当然数学也是如此。初中课程原本编排在四年的时间里，因学制改革又延长了三年，出现混乱也是理所当然的。任课老师也换了好几个，甚至出现每换一次老师就重学一遍相同内容的情况。因此我们一直在反复学习基础知识。不过，也正因为如此，我反倒可以长时间思考一个数学问题，并逐渐明白数学的要领和本质。

数学这门学问非常讲求抽象性、普遍性和一般性。从另一个角度来看，也可以说数学是一门只要遵循一定的规则就能自由构建独立世界的学问。集合论的创始人康托尔（Cantor）曾说数学的本质在于它的自由。也就是说，数学这门自由的学问只要求遵循既定的规则（秩序），不受名誉、地位、经济、政治等因素的束缚。我认为这是一句阐释了数学本质的经典名言。

举个例子，在高中时期耗费很长时间才解决的数学问题中，有一道几何题令我无法忘怀。

> 证明两角平分线相等的三角形是等腰三角形。

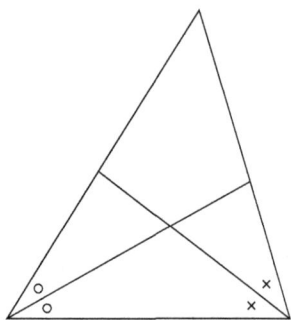

**高中时期解开的令人难忘的问题**

这个问题使用三角函数很容易解决。但由于当时我没学过三角函数，所以对我来说这是一道非常难的题。我连续用了两个星期的时间，放下其他一切学习，无论是吃饭还是上厕所，都专心思考这个问题。最终，我把这个问题分成三四种情况证明了出来。

在此期间，由于我思考数学问题过于专注，曾有一次走路时撞到了电线杆上，令朋友们忍俊不禁。当时的我对数学就是如此痴迷，现在看来这种体验是非常宝贵的。

人无论选择走哪条道路，都需要时常体验到愉悦感和满足感，不是吗？

如果总是以痛苦为伴，就会对当初的选择感到失望，不想再继续走下去。

那么，所谓的愉悦感和满足感从何而来呢？无论是多么小的事情，只要获得成功就会产生这种感觉。我认为，微小的成功令人体味到愉悦，有了无数次这种成功的体验，人就能坚定不移地走自己的路。

不过，要想在某一件事上获得成功，毅力不可或缺。成功需要孜孜不倦地去努力。

不过，我并不属于那种努力型的学生。虽然在校成绩不算太差，但是学习状态并不稳定。用功学习的时候会比别人付出更多的努力，不学习的时候则完全放飞自我。或许是出于这个原因，上小学时我从未拿过第一名。

对艺术家而言，兴致高的时候集中精力工作的方式或许可行。但对学者而言，倘若没有过人的才华，就不适宜采取这种工作方式。因此，如果我一直坚持小学时期那种一曝十寒的学习方法，我想自己无论如何也无法成为一名学者。

幸运的是，我从中学时代的朋友身上学到了脚踏实地的重要性。

他叫守田孝博，出身于家教严格的家庭，对事物的看法成熟透彻，言谈举止也透着一种正气凛然的感觉。

守田不仅在常规学科上独占鳌头，在体育方面也出类拔萃。但他绝不是一名天才型学生，他是纯粹的努力型学生。我在与他交往的过程中，学到了孜孜不倦的学习态度。（守田后来考入京都大学的工学部。高中同学中考入京大的只有我们两人，但可惜的是他四十多岁就去世了。）

从那时起，我就开始有意识地培养孜孜不倦的学习态度，锻炼坚韧不拔的意志品质。就这一点而言，我现在可以非常自信地说不输给任何人。

坚韧不拔是我从事数学研究工作的信条。虽然在解决问题的速度上我不如他人，但是在坚持不懈奋斗到最后的态度上，我绝对不逊于他人。别人用一个小时就完成的工作，我即使花上两个小时也要努力做完；别人用一年时间就完成的工作，就算要花上两年，我也会坚持到底。我坚信最重要的是持之以恒，有始有终。

有了这样的信念，选择一个问题后，我就会做好比别人多付出两倍、三倍时间的思想准备。

人类虽然拥有 140 亿个脑细胞，但通常我们只调用其中的

10%~20% 来从事各项活动。若想激活其余处于休眠状态的脑细胞来更好地完成工作，就得比别人多付出两三倍的时间。至少我只能想到这种方法。而且我相信，对头脑普通的人而言，这是最优方法。

## 人生的选择与志向

一个人在选择一条路坚持走下去之前，往往会经历大大小小的波折。在蜿蜒曲折的道路上，我们应该调动自身的哪些力量，以怎样的方式使其相互配合，驱动我们奋力前行呢？答案可能因人而异，但我觉得存在一个适用于任何人的通用法则。虽然我没有亲眼看到这个法则，但我仍然常常想，如果能将这个法则告诉尚未明确未来发展之路的年轻人，肯定会对其有所帮助。怀着这种或许能给大家带来些许启示的期待，我想在此简单谈一谈自己是如何走上数学的专业道路的。

小时候，我想成为一名浪曲师。这个梦想差不多是在读小学高年级或刚上初中的时候萌生的。在当时的浪曲师中，我特别喜欢广泽虎造。有一次他来柳井演出，我还跑去听过。至今我仍然认为，虎造那部以森之石松为主人公的作品《三十石船》是一曲绝唱。该曲将原本血腥的侠客世界以一种温暖且幽默的形式呈现出来，让人丝毫察觉不出血腥的味道。虎造的这种构建故事的才华是出类拔萃的。

我对浪曲非常痴迷，很少错过收音机里播放的浪曲节目。偶尔因为贪玩忘记收听节目，回到家想起来时真的懊悔不已。甚至还为此放声大哭过，祖母见状也不知如何是好。

在柳井高中读二年级的时候，我迷上了古典音乐。我们四五个同学组建了一个音乐社团，我负责弹钢琴。

一旦对某个事物着迷，就会深陷其中，这可能是我与生俱来的习性。我对钢琴也是如此痴迷。每天早上，我都会乘坐第一班电车赶到学校，坐在学校唯一的一架钢琴前，一直弹到上课。午休时也去弹琴，放学后会弹到晚上7点左右。

与朋友高桥豪的相识为我迷上音乐提供了一个契机。

高桥是一名转校生。我在和他成为好朋友之后，经常去他家里玩。他的家里有价格不菲的留声机和音响，还有很多唱片。我现在都清晰记得古典唱片摆满一柜子的场景。总之，去他家的乐趣之一就是听音乐。他的父母似乎也很喜欢我，即使我去找他的时候他不在家，也会劝我留下来听听音乐。于是我便毫不客气地进到人家家里，痴迷地听上三四个小时的古典音乐。就这样在不知不觉间，我被音乐世界所吸引，热情愈发高涨。

与藤本和守田一样，高桥也是我的知心朋友。高桥的父亲在国外生活过，在其父亲的影响下，他身上也带着一种国际范儿。我从他的身上学到了其他朋友身上所没有的东西。

48

　　与高桥的交友经历似乎也间接影响了我后来去外国留学的决定。

　　暂且不谈这个话题。加入音乐社团后，我苦练钢琴，在此过程中，产生了成为一名音乐家的想法。但是，我最终还是放弃了。与其说是放弃，不如说是发现了自己绝对当不成音乐家。钢琴练习有了一定成果后，我在町里的音乐会上弹奏了肖邦的夜曲。我拼尽全力弹奏钢琴，认为自己表现得还不错。

　　然而，我的演奏被批得一无是处。校报登载的评论写道："那根本就不是音乐。演奏者完全没有使用过钢琴踏板。"听着似乎令人难以置信，但实际上我根本就不知道钢琴还有踏板，也不知道它的使用方法。尽管如此，我依然非常懊恼，想成为音乐家的梦想也发生动摇。

　　就是从那个时候起，我对数学产生了兴趣。

　　数学本来就是我很擅长的一个科目，我自己也非常喜欢数学。或许是因为性格单纯、喜欢抽象事物的我比较适合研究这门学问，总之我在学习数学的过程中曾多次体验到愉悦感，也就是我在前面所说的"成功的体验"。

　　上初中后不久，有一次我看到当时读初三的姐姐被一道数学题难住了。那是一道因数分解的问题。虽然当时我连因数分解这个术语都没听说过，但我想只要按照老师教的去做就一定能得出答案，于是看了姐姐的随堂笔记，按照上面记录的解题思路去求解，最终得出了答案。哥哥姐姐异口同声地夸我厉害。获得别人的夸奖，我非常开心。这类事情反复发生，数学也慢慢变成我最喜欢的科目。

不过，我完全没有当数学家的想法。那时我的梦想是成为一名音乐家。

但是，从放弃成为音乐家时起，我就把热情投入到数学中了。回首往事，我不禁想起一个对我有很大影响的人。

这个人就是我的舅舅，他叫南本严。当时家里的人大多只有小学文凭，唯独舅舅一人上过大学。舅舅考取的是现在的东京工业大学。理科是他的强项，其中物理和数学是他最爱的两个科目。

我还没上小学的时候，这位大学生舅舅就经常邀我一起去散步。我的外婆家位于由宇川入海口处的一个名为有家的地方，附近有一片松林。舅舅放假回来的时候会带我去那片松林。我们一边眺望波光粼粼的濑户内海，一边聊天。

对话内容多半是闻名世界的物理学家、数学家的各种逸闻趣事。舅舅还多次慷慨激昂地向我讲述物理和数学，特别是数学这门学问的美妙之处和精彩之处。

望着故乡的那片海，回忆小时候的事情

年幼的我无法理解舅舅所说的大部分内容，但还是会听他讲这些东西，而且莫名觉得感动。世上竟存在让一个人如此痴迷的东西，这让我大为震撼。

不过，我只见过舅舅不超过五次面。虽然当时舅舅非常想进入研究生院继续深造，依靠理科学问出人头地，但由于他是外婆家里唯一的男人，所以大学毕业后就走上了工作岗位。后来舅舅因交通事故不幸去世，年仅 42 岁。

在整个家族中，只有我的学习成绩稍微好点。舅舅之所以那么喜欢和我交流，或许是想把自己未能实现的梦想托付给我。这似乎成为一种遗憾，不知不觉间像灵魂附体一样与我形影不离。当我放弃做音乐家的梦想后，就渐渐被这种遗憾所支配了。

老师会左右学生的学习热情，不仅是数学这个科目，其他科目也是如此。在教育环境混乱不堪的那个时期里，我非常走运，因为数学老师是谷川操先生（现任广岛英数学馆教师）。我们给谷川老师取了一个"tangent"（正切）的绰号，他的数学课实在与众不同。

谷川老师的教学方式用一句话来说就是故意刁难学生。他通过自学考取了旧制中学的教师资格，对数学的教学方式有独特的见解。他不让学生去死记硬背解题方法，而是让学生掌握解题思路。因此，谷川老师很少给出问题的答案，也不对解题方法做详细说明。他常常讲到一半就放下粉笔，跟我们说这是解题思路，后面的自己思考。考试也常常给很多学生打 0 分，很多时候全班平均分仅有 30 分。问题难度大是一方面，更重要的原因是谷川老师在判分时更重视解题思路，所以出现这种结果也就不足为奇了。

我在前面讲到的几何问题就是谷川老师出的。当时我们班好像只有我一个人做出来了。

已知△ABC 和三角形外一点 P。过点 P 作一条直线，使其分别与 AB、AC 交于点 D 和点 E 且 BD=CE。

（提示）同一平面上的等长线段 BD 和 CE 的旋转中心是一个定点。

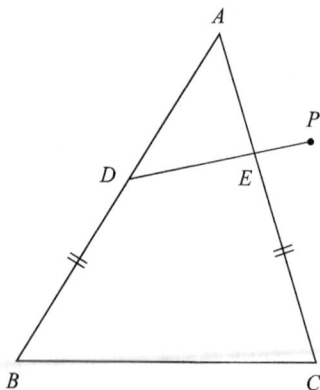

高中时谷川老师出的几何问题

现在的高中恐怕不会出这样的几何问题了。我也不知道这个问题是否出自当时的数学教材，但我感觉这可能是谷川老师独创的问题。谷川老师就是这样一位与众不同的数学教师。

这样的谷川老师曾给我打过一次满分。虽然当时我得出的答案是错误的，但由于我抓住了解题思路的关键，所以老师破例给了满分。老师自己也经常给出错误的答案，比如他曾把物体的体积算成了负数。可即使在如此尴尬的局面下，他也能泰然自若地说："解题思路没错，就这么着吧。"虽然当时我也没有得出正确答案，但由于解题思路正确，所以拿到了满分。

自从那次得了满分，我就突然喜欢上了这个老师，并开始对数学着迷。我在前面讲过，自己曾用两周时间去解决一个问题。之所以有这种热情和韧劲，就是因为被谷川老师的这种教学方法吸引了。

大部分学生似乎对谷川老师的教学方式没什么好感，但我从这位老师那里学到了解题思路的重要性，这让后来的我受益匪浅。

数学家最需要重视的就是思路。只要思路正确，后面只付出时间和劳动就可以了。数学这门学问具有这种性质。"tangent"老师向我灌输了重视思路的数学思想。

## 迈向数学家之路

沉迷在数学中的我迎来了高中毕业的日子。1950 年 4 月，我进入京都大学理学部学习。当时我只报考了这一所大学，父亲跟我说要是没考上就不要去读大学了。然而，不知为什么，我一点也不担心落榜。

之所以选择京都大学，是因为我喜欢京都这座城市，而且我姐姐嫁给了京都的纺织品商人，我可以寄宿在她家。当然，最重要的原因是我无比崇拜在我入学前一年的 12 月 10 日获得诺贝尔物理学奖的汤川秀树（1907—1981，理论物理学家，介子理论的提出者）。当时我之所以想在大学学习物理学，也是因为想追随这位京都大学的教授。

汤川先生是第一位获得诺贝尔奖的日本人，我本人也深受感动。

实际上，来到京都大学之后，我同时加入了物理学和数学两个研讨班。当时，物理学研讨班正在学习爱因斯坦的理论。我打算把彼得·伯格曼（Peter Bergmann）所写的关于相对论的书作为教材去了解爱因斯坦的相对论，可是在接触该理论的过程中，我被数学的魅力深深地吸引了。

在物理学的理论中，相对论是最数学化的理论。

另外，创立该理论的爱因斯坦本人是一个十分典型的数学派物理学家。据说爱因斯坦在少年时期就非常擅长数学，并在其叔叔雅各布的辅导下学习了代数和几何学。后来，他的数学派倾向更为显著，例如1929年爱因斯坦提出了试图统一引力场和电磁场的"统一场论"。由于该理论的数学性极强、抽象性极高、物理学实验规模极大，所以物理学界很少有人对此进行研究。然而，爱因斯坦认为任何理论都能通过非常简单的数学基本原理推导出来。我认为他是一个始终怀揣这种梦想的人，永远无法舍弃数学的浪漫。可以说，他是一个具有艺术家气质的学者，是一个追求美感的人。

我被爱因斯坦对数学的理解所吸引，虽然我仍想成为一名物理学家，但是内心的天平已经向数学倾斜。数学这门学问是所有科学的基础，这也是数学的魅力所在。

另外，我对数学研讨班上学习的内容产生了相当大的兴趣，这也进一步加快了我向数学领域转移的步伐。研讨班上学习的内容是庞特里亚金写的关于拓扑群的书。世间万物，凡是自然形成的漂亮形状多少都具有对称性。人脸是左右对称的，所以即使把照片翻转过来，看上去也没有什么违和感。长方形上下、左右都对称，而圆形是中心对称图形。换句话说，对称性是连续存在的。群以对称性为基础，当这种群连续时，我们就称其为拓扑群。拓扑群的理论与拓扑学、分析数学（微分、积分等）、代数等数理论都有联系，着实有趣。

我就是在同时学习物理和数学的过程中，逐渐感受到数学的魅力和乐趣，并最终确信自己适合研究数学的。

学完两年的基础课程，到了确定专业方向的时候，我选择了数学。也就是说，大三那年的春天，我真正迈出了成为数学家的第一步。

这就是我选择数学专业的大致经过。

由此可见，我并不是从知道数学这门学问起就立志成为数学家的。虽然我很喜欢数学，也意识到自己很适合研究这门学问，但在决定要靠数学立足之前，我还是经历了多次试错。

现在的很多数学家也是经过大大小小的试错才走上数学之路的。出生在数学世家，从小就受数学家父亲熏陶的孩子，以及天生就具有数学才华的人则另当别论。不，我认为，任何一个人在选定一个一辈子为之奋斗的事业之前，都无法避免反复试错。

通常情况下，普通人的一生不是一条平坦的直线，而是一条蜿蜒的曲线。不过，这个过程中发生的反复试错绝不是毫无意义的。

我在中学时期对音乐着迷的经历，也对看起来与音乐完全无关的数学研究起到了积极作用。关于这一点，我会在后面讲述。总之，人学过的东西或为学习付出的努力，总有一天会以某种形式回报给自己。

佛教中有一个词语叫"因缘"。其中，"因"是根源的意思，是一切事物存在、发展的内在依据。与内在的因相对的是外在的缘。内在条件（因）与外在条件（缘）相结合会产生万物，这种结合解除后万物就会消失，这就是佛教中所说的"因缘"。

或许人的一生都会被这种"因缘"支配。从父母身上继承的品质、从身边的朋友那里学到的智慧，以及反复试错得到的体会等，都在无形之中构成了自己内在的"因"。当这个"因"得到"缘"，二者结合后就会变成人的志向、行动、愿望和人生道路。回首过去，我不禁产生了这样的想法。

人要活到老学到老。学到的东西在不断构建我们的生活方式。

第 2 章

创造之旅

## 创造的乐趣

我在上一章讲到，人要活到老学到老。虽然学习方法和学习内容因人而异，但这是一个不争的事实。人只要活着就得学习。

学习是痛苦的，但同时也充满乐趣。即使是那些认为学习只有痛苦的人，在不断学习的过程中，也应该能断断续续地品尝到学习的乐趣。只不过学习带来的痛苦掩盖了其中的乐趣、满足感和幸福感而已。

另外，有一种东西能给人生带来更大的乐趣，那就是创造。

的确，没有什么能像创造那样给人带来幸福感。它给人带来的是一种不可替代的乐趣。回顾我这五十多年的人生，这种感觉在我的心里愈发强烈。创造过程中的痛苦要多于学习带来的痛苦，但当某种创造实现时，我们又能获得无与伦比的乐趣。

那么，什么是创造呢？提起创造，人们往往会联想到那些脱离我们日常生活的领域，例如艺术和学问等，其实不然。创造是我们日常生活中不可或缺的东西，人们在日常生活中不断进行着各种小小的创造。

母亲为孩子织毛衣、寻找打扫卫生的窍门，年轻人设计出酷炫的游戏，甚至老人培育花木，都是日常生活中真实存在的创造活动。

我母亲在我家那个并不怎么宽阔的庭院里种了上百种杜鹃。杜鹃这种植物，即使通过折枝扦插的方式来栽培也能茁壮成长。母亲培育的杜鹃大多采用了这种栽培方法。她似乎对栽培杜鹃颇具自信，每当新的杜鹃成活就将其送给我们兄弟姐妹，并以此为乐。

此外，母亲还计划向儿女和三十几个孙子赠送自己的书法作品，为此，她从几年前就开始通过函授教育学习书法。现在的书法水平处于准初段[①]，为了到达初段水平，母亲现在每天都在刻苦练字。

这里我举了我母亲的例子。栽培杜鹃，以及为了给自己的子孙留下作品而努力练习书法，都是她在后半程的人生中所做的创造活动。看到母亲如此积极的生活态度，我们做子女的也无比高兴。可见这种日常生活中的创造的乐趣与年龄、职业、学历等毫无关系。

但是，创造过程中既有乐趣，也有痛苦。可能是因为上了年纪，母亲在写字时手会发抖，她也会为此而叹气。

---

① 日本书法段位通常从"级"开始，从10级到达1级后会进入准初段，之后是初段、准二段、二段，以此类推。——译者注

和母亲一起欣赏她的画作

那么，日常生活中的创造与艺术领域、学问领域的创造，哪一个比较难呢？我不知道这个问题的答案。我从事的是数学研究工作，在数学的世界里，我已经多次体会到创造的艰难。

首先，抓住从学习跨入创造之旅的契机就不是一件轻而易举的事。

虽然我在大学三年级时决定踏上数学之路，但当时并不清楚自己的创造力会以什么样的形式产生。即使在读研究生的时候，我也没有抓住从学习跨入创造的时机，因此苦闷不已。

## 朋友与自己

在讲述创造的契机之前，我想先谈谈这个时期与我要好的两位朋友，因为我从他们身上学到了很重要的东西。

在大学二年级的时候，我从宇治校区搬到了京都大学吉田校区，大学三年级时又到京大本部的理学部攻读数学专业，加入了秋月康夫教授的研讨班。关于秋月研讨班的学习氛围以及我在那里学到的内容，我想在后面讲述自己是如何走上"奇点解消"之旅时再谈。

搬到位于吉田山山脚下的吉田校区后，我进入如今的教养学部学习，与我一起学习数学的朋友中有一位叫藤田收的人。

藤田是个绅士。他的言行举止很有风度，平时穿衣打扮也干净整洁，而且思维缜密，给人一种成熟的感觉。他的这种性格也体现在做学问上。他的治学态度一贯严谨，不容丝毫懈怠。

以藤田为核心，我们几个同学以小组形式成立了轮流朗读数学专著的读书会。读书会每周举办一次，我们利用半天左右的时间阅读庞特里亚金所著的《拓扑群》的英文译本，并对其中的内容进行讨论。藤田非常积极地参加这个读书会，而我却三天打鱼两天晒网。

数学专著中除了《拓扑群》，还有其他的书，当时的我在没有好好读这些书的情况下总是想当然地说用某个思路就能证明某个问题。然后藤田就会在第二天或第三天给我看他的解题笔记，告诉我用我的解题思路解决不了问题。每逢这种尴尬时刻，我都会不好意思地挠挠头。

数学领域中经常会出现一个问题已经解决了 90%，但剩下的 10% 怎么也解决不了的情况。有一点思路突破这 10% 就发表论文，结果导致无可挽回的情况发生，这样的例子也不在少数。现在也有一些数学家因犯了类似的错误而想不开，最终选择自杀。

我在与藤田密切交往的过程中认识到数学不允许有丝毫的马虎大意。

数学系中还有一个朋友令我印象深刻，他叫小针晛宏。

小针的父亲是一名校长。他从小在父亲的严格教育下长大。我高中时期的朋友守田也在严格的环境中长大，不过他与小针的情况有所不同。

小针虽然身处数学系，但爱好文学。我经常阅读他写的小说，他的作品多揭露人性的复杂。总的来说，"黑暗文学"不对我的胃口，我喜欢风格明快的文学作品。因此，即使他让我点评一下他的作品，我也不会说什么好话，有时也会提醒他不能一直陷在里面。虽然我总是批评他的作品，但因为我自身没有他那种感性，所以也被他的这个特质所吸引。我们的关系越来越好，后来还一起创办了班级杂志 Eous。

这个班级杂志与数学无关，创刊的宗旨是促进全班同学心与心的交流，这是小针提出的方案。第一期是把各自的原稿直接装订成册在全班传阅，第二期则换成蜡板油印的了。

我在小针之后担任了第二期杂志的主编。我记得这期杂志中设立了问卷调查专栏，里面设置了"如果捡到十万日元，打算怎么用""如果接到征兵书①，该怎么办"之类的问题。当时我非常喜欢和他开编辑会议讨论下一期杂志的内容。

在与小针的交往过程中，我从他的身上学到了另外一种品质——厚脸皮。感受到颓废派魅力的我经常和他一起干出招人嫌的事情来。这种事情做多了以后，我也变成了一个不在乎他人如何看待自己的"厚颜无耻"之徒。

我们经常喝得酩酊大醉，露宿街头。我现在仍然保持着一个习惯，那就是无论醉到什么程度，都能克服万难安全回家。然而，他有喝醉后露宿街头的毛病，有时还会在众目睽睽下乱喊乱

---

① 旧时日本召集兵役人员的命令书。——译者注

叫。当然，每当出现这种情况，我就想办法让他平静下来，也不能把他扔下不管自己回家，只好坐在他身边，听着他的呼噜声静待他醒来，经常等着等着天就亮了。

这是我青春时代的粗野行径。我想说的是，总是看别人眼色行事的人很难有所作为。我行我素是需要胆量的。我感觉自己在与小针的交往过程中，获得了这种胆量（小针从京都大学毕业后，留校担任理学部助教、教养学部副教授，1971 年辞世，时年 40 岁）。

其实，我与小针并没有那么意气相投。虽然我被他的感性所吸引，但在这一点上，我也与他有不相容的一面。读大学四年级的时候，有一次爆发了一场全校罢课运动，当时只剩我一个人坚持在教室里听课。我并非有意反对罢课运动，只是单纯想上课。幸亏后来与他们约定好课后分享笔记，才免于被视为异己。我虽然与小针是好朋友，但自己的这种性格从未改变。

从这层意义上讲，如果我在所有方面都与他意气相投，那么个性鲜明的他应该能对我产生深入骨髓的影响，我的生活方式也一定会与现在的截然不同。

我与高中时期的朋友藤本的情况也是如此。他总是在思考一些深远的命题，如果我只有他一个朋友并深受其影响，那么我或许会成为一个略带土气的哲学家。

京都大学的"哲学之道"，大学时我常在此散步，思索学术和人生问题

回首自己的人生过往，不管什么时候，我似乎都没有把意气相投作为择友标准。我有意识地选择那些与我不同的人，以及那些能教给我东西的人作为朋友，与之交往。另外，无论多么要好的朋友，我都会与其保持一定距离，当朋友想踏入属于我自己的小天地时，我必然严防死守，将其拒之门外。

一定会有人认为我的这种交友方式过于冷漠和狡猾。但正因为我坚守了这一原则，所以从来没有被朋友背叛过。我敢说在我的词典里没有"背叛"这个词。之所以如此自信，是因为我能与任何人密切交流，有时也会把最真实的自己展现出来，从未因他人影响到自己最看重的东西而产生悔恨之情。也就是说，无论多么亲密、尊敬的朋友，我从未受其影响迷失自我。

与朋友之间标好界线，在这条界线的范围内与其坦诚相待是我的交友之道。姑且不论这种做法对错与否，我认为至少在向朋友学习这一点上是奏效的。

英语中有 loneness（孤独）和 loneliness（寂寞）两个词。它们看上去意思相通，但我认为实际上二者的意思是明显对立的。loneliness 用于表达想要逃脱 loneness 的人的感情。可以说，失去 loneness 之后就会产生 loneliness。我坚信，如果你深感 loneness，那么无论你跟什么样的人以什么样的形式交往，都不会感到loneliness。

我认为，若想摆脱偏见，尽可能多地向朋友学习重要的东西，就必须让自己深感 loneness。

飞向创造

　　我在上一章中略微提及了德国的天才数学家高斯。高斯也被誉为"数学王者"，据说他在会说话之前就已经学会了计算，两岁左右就展露出数学方面的天赋。少年、青年和壮年时期也一直保持着这种天才水准。他通过富有创造性的研究在数学史上建立了一个又一个金字塔。当时，数论是数学界公认的最不切实际的理论，然而高斯将其推向了数学的中心。他凭借这一成就在数学界树立了不可撼动的地位。

　　在我的学生中，也有几位像高斯那样的天才，他们自然而然地踏上了创造之旅，首项研究就获得很高的评价。

　　暂且不论这种天才，对于头脑一般的普通人而言，从学习阶段跳跃到创造阶段似乎需要有某种契机才行。就像我前面所说的那样，在抓住这个契机之前必须历经一段消沉的日子。

　　读研究生后，周围很多人开始发表论文。仅仅满足于考试取得高分或理解高深理论的时代已经过去，现在到了必须有所创造的阶段。而且，大家认识到，若想成为一名真正的数学家，不是光读读书就可以的。

我和大家一样已经无法满足于之前那种单纯的理论学习了，但是怎么也不想写论文。

其中一个原因是，我在某种程度上赞同研究生院某位前辈的观点。他经常说："大家为什么净发表一些毫无用处的论文？虽然每个人都在自己的论文里付出了心血，但每年出来的不都是些遭人唾弃的废纸吗？那些十年之后便无人问津的论文只会浪费图书馆的收藏空间，没有任何意义。写这种论文浪费时间，读这种论文也浪费时间。我是绝对不会写的。"

这位前辈才华出众，对任何事物都理解得非常透彻，而且拥有一双非常犀利的慧眼。我认为他说得对。现在每年都有大量论文发表出来，但大多数论文没有什么价值，如同废纸一般。这种乱象现在也没能有所改变。

我没有写论文的另一个原因是，我被过去那些堆积如山的优秀论文压倒了。

通常情况下，论文发表的内容都是著者的成熟观点。而且，过去的那些伟大数学家发表的论文毫无漏洞。阅读了他们的论文之后，就感觉自己更没有写论文的份儿了。主要还是因为自己写不出有价值的东西。

假设立志成为一名吉他演奏家的人在学习吉他的过程中观看

了一场著名吉他演奏家的表演。这个人在现场被吉他演奏家弹出的美妙旋律深深吸引，听得心潮澎湃。但他回过神后，发现自己弹得一无是处，因为他发现演奏家的技艺卓越超群，无论自己怎么努力都望尘莫及。这与我没有写论文的原因十分相似。

但话说回来，如果不通过写论文创造出自己的理论，就无法开辟通往数学家的研究之路。究竟应不应该写论文，这个问题一直困扰着我。

在读研二的初夏，有一天发生了一件让我意想不到的事情。虽然已经过去二十多年，但当时的情景仍历历在目。

那天下午，我在京都大学理学院的银杏林中散步。微风拂过，树叶沙沙作响。正在思考问题的我，突然听到了微弱的呼喊声。我停下脚步回头一看，发现远处有一个留着娃娃头的小女孩喊着"叔叔"向我这边跑来。我当时穿着学生服，不觉得她是在喊我，于是转回身继续往前走。但是，走了两三步后我又停了下来。

周围没有其他人，看来这个小学生模样的女孩喊的"叔叔"就是我。

小女孩上气不接下气地跑到我的身旁，把一个笔记本递给我说："这个是叔叔的吧？"我好像无意中弄丢了自己的笔记本，小女孩手中的笔记本的确是我的。我收回笔记本向她道谢后，她微微挺起胸膛，以一种自豪的姿态向银杏林中走去。

我茫然地站在那里，注视着身穿白色短袖的小女孩那渐行渐远的身影。在此之前我总把自己当学生，可能也曾被人叫过"叔叔"，但从未像这次一般触动心弦。

虽然这是一件稀松平常的小事，但对我来说意义重大。从那天起，我也曾多次扪心自问，自己是否配得上"叔叔"这个称呼。我的答案是否定的。单凭读书、理解高深的理论、明确评价他人的论文这些基础行动，是配不上"叔叔"这个称呼的。我必须创造出自己的理论，必须写论文，哪怕写出多么拙劣的作品。

于是，我下定决心，开始写论文并投稿。

每当想起当时的情景，我就特别想感谢那位小女孩。我甚至觉得是她成全了我的数学梦。如果那时她没有喊我"叔叔"，我可能依然无法抓住开启创造之旅的契机，从而继续沉沦下去，甚至一生都无法摆脱这个深渊。我看到现在很多人明明才华出众，却陷入迷茫，一事无成。这种情况不仅发生在数学界，各行各业都屡见不鲜。

当然每个人开启创造之旅的契机各不相同。但是，这种契机往往就在我们身边。另外，我认为能否抓住这种契机，取决于当事人是否在为创造而苦恼。

## 创造的原形

在数学领域，只要学到某个阶段，不管什么样的高深理论，通常研究三个月就能掌握。但是，若要自己创立新的理论，三个月的时间是完全不够的。也许需要花费一年的时间，有时甚至花费十年也什么都创造不出来。

当时我决定无论写什么，总之先尝试把论文写出来。大约过了三个月，我完成了自己的第一篇论文，并在京都大学的《理学部纪要》（1957 年 30 号）中发表。那是一篇用英文写的论文，题目是《关于代数曲线的算术亏格 ① 与有效亏格》( On the arithmetic genera and the effective genera of algebraic curves )。

虽然我在某种程度上已经预料到人们对这篇论文的评价，但没想到评论那么令我难堪。在各种各样的评论中，对我而言最严厉的点评，莫过于当时加利福尼亚大学伯克利分校的马克斯韦尔·罗森利希特（Maxwell Rosenlicht）教授在美国杂志《数学评论》( Mathematical Reviews ) 上发表的短评。

---

① 亏格（genus），若曲面中最多可画出 n 条闭合曲线同时不将曲面分开，则称该曲面亏格为 n。以实的闭曲面为例，亏格 g 就是曲面上洞眼的个数。genera 为 genus 的复数形式。——译者注

富兰克林的这句话揭示了很重要的一点——创造的出发点都是幼稚的。换句话说，创造的原形如同婴儿一般，只有等其充分成长之后才能逐渐看出有何用处。富兰克林想说的是，所谓创造，其实就像养育孩子。

在自己的孩子从婴儿到幼儿，再从少年到青年的成长过程中，对父母而言，孩子既有想让人给他无限宠爱的可爱时期，也有让人讨厌到想断绝关系的可恶时期。但是，父母不会只在孩子可爱的时候履行抚养义务，而在让人生厌的时候放弃他。

创造也是如此。即便创造的雏形如同婴儿一般幼稚和弱小，我们也绝对不能半途而废，必须耐心地将其"抚养成人"。

为什么要创造呢？这就好比父母不生养孩子，孩子就无法对社会产生价值一样，只有尝试创造，才会产生价值。

在机器人学领域，松原季男（自动化研究所主任）因做出独特贡献而被誉为"机器人博士"，他既是一家工业机器人公司的总经理，又是一位创意大师。他曾经给我看过他参与研制的机器人的照片，据说这个机器人就是"三眼甲壳虫"①机器人。他告诉我，开始创造这个机器人的时候并没有明确的目的。

据说他们最初只创造了 7 个尺寸约为 20 厘米的小型机器人，

① 日文原名为「みつめむれつくり」。——译者注

只给这些机器人赋予建群的功能，除此之外没有其他作用。机器人开发完成后，其功能的有趣之处远远超出了他的预期。于是他改造机器人，让它变成具有清扫地面等功能的工业机器人。

在各个领域，我们都能听到类似的故事。例如，药学领域中青霉素的发明、电子学领域中半导体的发明等，发明者在发明这些东西时并不清楚它们有何价值。但是，青霉素和半导体在各自的领域里都产生了让人意想不到的应用价值，而且经过进一步发展后为新发明的出现奠定了坚实的基础。也就是说，发明物在被创造出来后，就要像一个已经长大的孩子那样不断独立奋斗。

第一篇论文让我切身感受到了什么是创造。

## 竞争意识与放弃的艺术

我刚才讲述了创造的乐趣，以及从学习阶段向创造性工作（研究）飞跃的契机。

那么，在不断创造的过程中，如何使创造出的东西越来越好呢？我想结合自身体会来探讨一下这个问题。

写了第一篇论文后不久，我的人生迎来了转机。

我的老师秋月教授邀请了一位名叫扎里斯基的美国数学家来京都大学讲课。扎里斯基教授在哈佛大学任教，是闻名世界的数学家。年轻时他在罗马研究代数簇的奇点解消，并成功证明了三维代数簇奇点的解消。扎里斯基教授在日本逗留了一个月，开了14 场讲座。

在秋月教授的推荐下，我向扎里斯基教授介绍我当时刚写完的第二篇论文，论文题目是《关于基环上代数几何的一点注记：特殊化过程中希尔伯特特征函数的不变性》（"A note on algebraic geometry over ground rings: The invariance of Hilbert characteristic functions under specialization process"）。结果，这次交流为我带来了前往美国留学的机会。在两位老师的推荐下，我于 1957 年来到哈佛大学留学。

　　哈佛大学是美国历史最悠久的私立大学，坐落于马萨诸塞州波士顿都市区西北部的剑桥市。

　　如今停泊在横滨港的游轮中有一艘名叫"冰川丸"的游船，我当时就是乘坐这艘游轮历经 13 天左右的航行，到达华盛顿州的西雅图的。然后又乘坐横贯美国大陆的火车，于 3 天后抵达波士顿。那是一次令人难忘的旅行，关于当时的记忆，我想在后面讲述留学生活时再聊。

　　我们把话题转回扎里斯基教授。我到哈佛大学后就是跟这位教授学习的。扎里斯基教授于 1899 年出生在苏联和波兰两国交界处（现在的白俄罗斯）。犹太人的身份让他经历了充满苦难的人生。他二十岁左右逃亡到意大利，在罗马学习，第一次世界大战后又移居美国并获得美国国籍，不久后被聘为哈佛大学的教授。

　　扎里斯基教授非常严厉，学生们都很怕他。他虽然在学校担任教授多年，但门下的学生很少能拿到博士学位，可见他在治学方面有多么严谨。一般来说，工龄长达三十年的教授会培养出四十位博士，最少也得有二十位。而扎里斯基教授在哈佛大学工作近三十年，他的学生中仅有十人左右获得了博士学位。

之所以会出现这种情况，是因为扎里斯基教授很少收学生，纵使收了，有时也会推给其他教授。

我在哈佛大学留学的时候，最初包括我有五名同届的学生在扎里斯基教授门下，不知道什么时候有两人转到了别的教授那边，结果只剩下我们三人。也就是说，扎里斯基教授是一个推崇少数精锐主义的人。（说句题外话，在哈佛大学数学教室陈列的伟人胸像中，仅扎里斯基教授一人的胸像是在他活着的时候制作的。除了他的研究成果，培养出两名获得菲尔兹奖的学生也是其中一个原因。）

从师于如此严格的教授，对我来说是一件幸运的事情。他是数学专业的主任教授，由于工作异常繁忙，所以很少有时间给我们解惑。这给我的学习带来了些许困扰，不过幸运的是，我的同学充分弥补了这一点。

其中有一位叫芒福德的同学，他比我小五岁，二十一岁便进入哈佛大学研究生院学习。美国的大学有一条不成文的规定，即本科毕业生不能进入本校的研究生院学习。不过也有十年一遇的特殊情况，指定的学生不去其他学校学习，而是被本校研究生院直接录取。当然，被录取的学生都是首屈一指的人才。芒福德在哈佛大学读本科时就属于这类天才。（他于 1974 年获得菲尔兹奖，现任哈佛大学数学教授，研究专业和我一样都是代数几何，是代数几何领域公认的权威人士。）

还有一位同学叫阿廷，比我小三岁，他本科就读于普林斯顿大学。与聪明机灵的芒福德不同，阿廷不怎么引人注目，性格也让人琢磨不透。但是，他拥有能够看透事物发展趋势的眼力，而且具有非常出色的想象力。他拥有与芒福德完全不同的天赋与才华。（阿廷现任麻省理工学院的数学教授，因代数几何中的逼近理论而闻名世界。）

我在布兰迪斯大学任副教授时购买的第一辆爱车

我是在大家庭中成长起来的商人之子，而这两位同学则是在典型的精英教育中成长起来的天才。

我在讲述自己这段时期的经历时，经常会有人问我："你和如此优秀的人在一起学习，不会嫉妒他们吗？"我总是回答"不会"。相反，正如我前面说的那样，我甚至认为与如此优秀的人在一起学习是件非常幸运的事，因为在他们两个人的帮助下，我在哈佛大学留学时期的学习生活变得异常充实。

迄今为止，除了芒福德和阿廷，我还遇到过几个与他们不相上下的天才，但都没有产生过嫉妒之心，因为我懂得放弃。或者说，我从父母那里继承了懂得放弃的优点。

放弃这个词语给人一种消极的感觉。但是，一个人如果连应该在哪里选择放弃都不知道，那么他不会做出什么丰功伟绩。我坚信，学术研究也是如此。若想创造出好东西，要有放弃的能力。

下面我来谈谈这么说的理由。

无论是谁，拥有竞争意识都不是一件坏事，因为在与他人竞争的过程中，自己也能进步。一个企业带着与竞争对手进行抗衡的意识去发展，从而壮大起来，这样的例子屡见不鲜。这种情况很多时候也会出现在人际关系中。

我在分析这类例子后发现，拥有竞争意识会让自己刻苦钻研的核心问题变得更加清晰。另外，我还发现在这种情况下，人们会坦率地承认竞争对手的优点。只有做到认可对手，甚至尊敬对手，双方才能在竞争的过程中相互促进，相互发展。

庆祝扎里斯基教授荣获名誉学位（1981 年）。照片中前排是扎里斯基夫妇。
后排由左至右分别是我、芒福德、克莱曼、阿廷

不过，竞争意识带来积极结果的比例并不高，大多数竞争会产生不利的结果。

这是为什么呢？因为一旦竞争意识变为嫉妒，就会大量消耗一个人用于创造方面的精力。精力包括思考力、创造力等。一个人的精力是有限的，与他人竞争会消耗一定的精力，由此，创造

力会按相应比例缩减。

如此一来，与他人竞争反倒会令自己挑战的核心问题变模糊，从而无法把工作做得出色。

也就是说，从结果来看，竞争意识分为"积极的竞争意识"与"消极的竞争意识"。

通过分析竞争意识带来不利结果的事例，我们可以看出两点内容：第一，当事人往往有不尊敬对手、蔑视对手的倾向；第二，这种人总是抱有排挤竞争对手的执念。

也就是说，他们嫉妒竞争对手。嫉妒心使他们消耗精力，判断力失常，最终导致自己不断追寻的目标变得模糊。

心理学家说，嫉妒是人类特有的感情，任何人都会心生嫉妒。的确如此。不仅仅是学术界，在日常生活中，我们也往往因羡慕过度而产生嫉妒之心。我不是这方面的专家，无法解释清楚这种不可思议的感情，但不管怎样，我敢断言，对想要有所创造的人而言，嫉妒绝对是一种令人讨厌的感情。

那么，该怎么办呢？这时就需要我们学会放弃。

放弃了做不到的事情

但是仍然怀恋着那个人啊

　　这是歌曲《雨中盛开的花》①中的一段歌词，据说这首歌是在第二次世界大战爆发之前创作的。我在留学的时候经常哼唱这两句。世界上确实有很多优秀的人才，在他们面前我们不得不放弃做不到的事情。我在哈佛大学留学时的朋友芒福德和阿廷就是这样的人才。嫉妒这些如此优秀的人才是没有用的。因此，当这些人才在解决问题方面显示出优于我的能力，或者我意识到自己与他们在能力上存在差距时，我会独自哼唱这首歌，放弃非分的执念。

　　所谓"放弃"，并非放弃一切，而是在向目标奋进的基础上选择性地放弃一些东西。如此一来，人就不会产生嫉妒心。只要对他人没有嫉妒心，就不会消耗自己的精力，判断力也不会失常，从而可以专心进行创造。

　　我们需要提前了解放弃的艺术，因为"懂得放弃"这项能力可以帮助我们调节通往创造之路所需的精力。

---

① 原曲名为「雨に咲く花」，高桥掬太郎作词，池田不二男作曲。——译者注

## 失败体验与本心

我想再说一段与"放弃"有关的自身经历。

在京都大学读书的时候，家里没钱给我，所以我自己找了一份家教的兼职，每周上三次课，一来给自己挣学费，二来能偶尔给弟弟一些生活费。在我教过的人里，有一个小男孩让我感到非常棘手。

这个小学生很聪明，但就是不喜欢学习。对于我教授的内容，他从来没有说过不明白，也能出色完成当天所教内容对应的习题。

然而，让人苦恼的是，他完全不复习学过的内容，第二天就把前一天教的东西忘得一干二净。这种情况接二连三地发生，于是有一次我很生气地问他："你之前明明已经理解这些内容了，为什么到今天就不懂了？"没想到这个孩子摆出一副理所当然的表情，坦言道："因为我是个笨蛋。"他的回答令我无言以对。

如果他回答"没复习"，我可能会大发雷霆地问他为什么不复习；倘若他告诉我没有好好听，那我肯定会狠狠地批评他说为什么不听我教的内容。

然而，"我是个笨蛋"这个回答让我毫无办法，也不能生气发火。

后来我才意识到，这个孩子其实传授给我一个非常宝贵的智慧。

从事数学研究工作会经常遇到一个问题已经解决了 90%，但剩下的 10% 怎么也解决不了的情况。对数学家而言，这种情况非常危险，走错一步都可能让他们神经衰弱。尽管如此，只差最后一步了，也不能轻易放弃。这里最需要的就是坚韧不拔的毅力和决战到底的勇气。

每当走入如此境地，我就会想起那个男孩的话，并高喊："我是个笨蛋！"紧接着，我的头脑就会变得清爽放松。我就像被驱了邪似的，眼前变得明亮，心灵变得富足。

无论如何，我甘于承认自己是个笨蛋，所以解决不了问题也理所当然，如果解决了，那就是意外收获。也就是说，将态度转变为"我是个笨蛋"能使自己摆脱一筹莫展的僵局。

当然，这种方法也有不奏效的时候。不过，就我个人的经验来说，有时候态度转变会让我的思考能力复苏，让我的思想从束缚中解放出来，继而不费吹灰之力便解决剩下的 10%。

我认为，"放弃做不到的事情"的放弃艺术与"我是个笨蛋"

的态度，在与学术相距甚远的日常生活中也很重要。

我在这里所说的放弃艺术与态度转变的智慧也可以帮助自己从失败的打击中恢复过来。

事情发生于我在哥伦比亚大学任教时期（1964 年，当时我 33 岁），当时我遭受了一场重大的失败。

我当时萌生了一个非常有趣的想法，并就此发现了一个研究价值很高的问题。用我的话说就是抓住了一个"好问题"。我想通过这个课题研究，推出一个新的数学理论。

这是一个几何学问题，概括起来就是对于用无穷级数（数列的和）定义的数，能否用有穷级数进行有效表示的逼近问题。

我对这个问题非常着迷，于是先从一维、二维等低维的情况开始研究，并从中发现了一个行之有效的方法。经过半年的研究，我在哈佛大学的研讨会上公布了自己的研究成果。

出席那次研讨的除了哈佛大学的教授，还有很多其他大学的教授。

我在众多杰出的教授和学生面前发表了自己创造的理论。

听完我的报告之后，麻省理工学院的一位教授目光炯炯地看着我说："你的理论很美，真是太棒了。"

"美!"

对数学家而言，恐怕没有比这个更好的赞美之词了。关于数学之美，伯特兰·罗素（Bertrand Russell，1872—1970，英国数学家）曾说："如果以正确的方式看待数学，就会发现它不但拥有真理，也具有至高无上的美——正像雕刻的美，是一种冷而严肃的美，这种美不是投合我们天性的微弱的方面，这种美没有绘画或音乐的那些华丽的装饰，它可以纯净到崇高的地步，能够达到严格得只有最伟大的艺术才能显示的那种完满的境地。"可见，若用"美"来形容数学，则充满了赞赏之意。

得到同仁的这般评价，我欣喜若狂。同时我也下定决心，要把该理论的参数增加到三维、四维，以开展更深入的研究工作，最终向任意参数的一般理论发起挑战。

两年间，我专心致志地从事该项研究，但久久未能有所突破，最终陷入僵局。

于是，我开始怀疑这个理论到底能不能实现一般化。在我如此泄气的时候，有一天深夜，哈佛大学的一位教授给我打来一通出人意料的电话。这位前辈的话还没讲完，我拿着听筒的手就开始抖，整个人像泄了气的皮球一样顿时瘫软下来。他夹带着几分同情对我说："德国籍的一个年轻学者好像把你的理论实现了一般化。"

我尽量控制自己的情绪，冷静下来后问他，那位学者到底使用了什么方法。他告诉我好像是用了魏尔斯特拉斯定理。

"魏尔斯特拉斯定理"是 19 世纪德国数学家魏尔斯特拉斯（Weierstrass）创立的定理（"魏尔斯特拉斯定理"包括二重级数定理、关于奇点的定理、关于紧致性的定理、关于有理函数展开的定理、关于紧集上的连续实值函数的定理等，在这里可称为"魏尔斯特拉斯的预备定理"）。

听到这个定理的名称时，我恍然大悟。的确，使用这个定理能够解决自己付出两年汗水都没能解决的问题。

我放下听筒，从茫然若失的状态中恢复过来后，尝试用"魏尔斯特拉斯定理"解决陷入僵局的问题。果然，没用多长时间就看出了解开问题的苗头。虽然这位前辈在电话中用了"好像"这个很模糊的字眼，但是那位德国籍年轻学者应该准确无误地验证了所有情况，并完成了该理论的一般化。

我耗费两年时间专心钻研都没有结果的数学理论，却被一位年轻学者完成了，这件事对我的打击很大。不过，不久后我就重新振作起来。我是怎么做到的呢？我的法宝便是放弃"做不到的事情"，并承认"我是个笨蛋"。另外，如果不换换脑子，保持乐观的想法，就无法着手解决下一个问题，从而无法踏上新的创造之旅。数学就是这样的一门学问。

不过，这次惨痛的教训也让我收获颇多，我从中学到了在创造方面最重要的东西。

那通电话过后，我整夜无眠。第二天，在失眠和受打击的双重影响下，我的头昏昏沉沉。我独自一人前往波士顿的郊外，来到因独立战争而广为人知的康科德附近的一个博物馆。总之，我就是想找一个没人的地方静一静。这个博物馆里有一棵大树，我蹲在大树下陷入了沉思。

与其说是沉思，不如说是心不在焉地望着四周发呆，两眼放空任时间白白流逝。当时的我看上去肯定像一只狼狈不堪的寒鸦。白白浪费的两年岁月像重担一样压在我的肩头，压得我喘不过气来。一想到这两年其他数学家的研究工作有多么充实，我就倍感空虚。

在自己像木偶一样久久发呆的过程中，我重新思考了一下为何付出两年的心血仍一无所获。

一个世纪以前就有"魏尔斯特拉斯定理"了。而且，我也曾经成功地使用过相关定理。

可是这次我为何没有意识到可以用魏尔斯特拉斯定理呢？

我想到了原因。我在哈佛大学的研讨会上公布研究成果时，麻省理工学院的教授曾用"美"来夸赞我做出的成绩。自我感觉良好的我，从那以后就变得固执己见。固执引起偏见，偏见又进一步强化固执。在这样的恶性循环中，我慢慢丢掉了以新的视角观察事物的态度，并一味地坚持自己的想法，认为"如果我的方法解决不了，那么现代数学应该对此也束手无策"。我的心中已经形成了如此巨大的偏见。

我在两年的时间里深陷偏见之中无法自拔。可以说，这段时间内扭曲的自己误入迷途，让问题陷入僵局。

人往往会因为某一个成功经验而丢失本心。我的失败就源于此。如果能秉持坦率的态度看待问题，保有本心，我可能就会返回起点，详细检查自己的方法。在此过程中一定不难发现自己曾经用过的"魏尔斯特拉斯定理"就是完成理论的关键。

莫失本心是创造的基础。想到这里的时候已是黄昏，大树下的我有了一些精神。

当别人向我索要签名时，我会写下"素心深考"这四个字。这四个字的意思是"回归本心，重新深入思考"，这也是我说给自己听的。可见，当时的情况深深地刻在了我的脑海里。

我在前面曾讲过，人若想坚持学习就要不断积累成功经验，哪怕这个成功经验微不足道。进入创造阶段也是如此，因为在微小的创造上取得成功会令人感到愉悦，这种快感往往会激励我们向下一个更大的创造发起挑战。

但是，对普通人而言，若想创造出非凡的东西，仅凭积累成功经验是不够的，有时还需要有惨败的经验，尤其是那种赌定一定成功，最终却以失败告终的经验。现在的我就是这样想的。之所以有这样的想法，是因为普通人只能通过失败的体验来掌握创造性的本质、创造的具体方法及深藏在失败中的重要的东西。

我认为，向更加惊艳的创造发起挑战的秘诀只有一个，那就是从失败中总结经验教训。

## 实事求是

为什么本心在创造中至关重要呢？在思考这个问题之前，我想先谈谈关于数学这门学问的特征。另外，我还想分享一下我作为一个数学研究人员在不断创造的过程中经常对自己说的那些话。这是一个数学家的学术态度，也是一个人的生活态度。

首先，我认为数学这门学问有四个特征。第一个特征是准确性。无论是方程、微积分，还是几何，如果不能正确解决问题，数学这门学问就无从谈起。

第二个特征是思想性。虽说数学是所有科学的基础，但是世界观、自然观对数学也有很深的影响。例如以农耕为主的埃及文明促进了几何学和数的运算法则的发展，海洋民族希腊人构建了科学之源。

第三个特征是抽象性，这也与数学的本质息息相关。以抽象的方式思考各种各样的现象中是否具有共同的逻辑或观点，也是数学的一大特征。也正因为如此，和谐与有序的美感在数学中不可或缺。

第四个特征是国际性。正如康托尔（Cantor）所说的"数学的本质在于它的自由"一样，归根结底，数学世界是一个与利害关系、国体等因素毫无关系的自由开放的世界。

以上就是数学的四个特征，即准确性、思想性、抽象性和国际性。在理解了这些特征后，我来讲讲自己采取了怎样的学术态度。我要讲的东西不仅对做学术非常重要，对思考普通人的生活方式也很重要。

首先，分清什么是事实，什么是臆测。对于事实，必须原原本本地接受。

所谓事实，是指不可改变的、不容动摇的真实情形。这是一个严肃的问题。听到这里，你可能觉得接受事实本就是理所当然的事情，但是在很多情况下，原原本本地接受事实并没有说起来那么简单。

我发现最近出版的书中，非虚构作品非常受欢迎。前一些日子，我有幸与非虚构作家柳田邦男进行过一次交谈，我们针对"事实"这个话题交换了彼此的想法和意见。

柳田先生在其著作《观察事实的眼睛》①中写过这样一段话。

我们常说非虚构作品的精髓在于"叙述事实"，这句话巧妙

---

① 原书名为『事実を見る眼』，暂无中文版。——译者注

地表达了形成非虚构作品的两个条件。第一个条件是必须发掘应该叙述的"事实"。第二个条件是必须把"事实"以引起读者共鸣的形式进行"叙述",也就是使其成为一部作品。

难以发掘"事实"总是写出优秀非虚构作品道路上的拦路虎。但是,如果发掘出从普通采访中无法获取的"事实",就能充分彰显非虚构作品的妙趣所在。


柳田先生指出了原原本本地接受事实有多难。

再举一个例子。前面提到过,与计算机和机器人不同,人脑具有灵活性。这个特质会让人产生"智慧",但是反过来,有时它也会使人犯下意想不到的错误,令人看不清真相。

假设有个年轻男子喜欢上一个人。当然,他希望对方也会喜欢自己。于是,这种愿望不知什么时候变成了"对方可能也喜欢我"的期待。随着期待的不断膨胀,最终会发展到确信"对方也喜欢我"的地步。

人之所以会产生这种想法,是因为人脑的灵活性能让人一点一点地思考,联想和推测又会让想象不断膨胀,进而让人以为想象的东西就是事实。

现在我们假设事实与这名男子的想象完全相反,其实对方对他完全没有好感。那么，如果这名男子向她求婚，她可能会立即表示拒绝，就算没有拒绝，未来也会投向其他人的怀抱。如此一来，这名男子就会认为自己被骗了。于是他就想责问对方为什么要这么对他，甚至会给第三人带来危害。

每天，报纸和电视等媒体都会报道各种事件，小到民事纠纷，大到国际冲突，这些事件发生的直接或间接原因往往是混淆了事实与臆测。

据说美国前总统尼克松被迫下台的那一天，曾蹲下来哭着说自己何罪之有。如果他能原原本本地向国民揭露水门事件和相关的一些实情，处置得当并承担相应责任的话，也不会陷入被迫下台的境地。他试图掩盖事实，在工作中歪曲真相，错误地认为总统的权威足以将隐瞒的事情掩盖过去，最终酿成大祸。

我们再来聊一聊成见这个词。无论是在解决数学问题的态度方面，还是在评价对方的为人或体察对方的心绪方面，成见常常会妨碍我们做出正确的判断。

在解答数学问题的时候，与其一开始就想着问题有一个确定的答案，不如抱着问题不知会朝着哪个方向发展的心态。另外，在评价一个人时也是如此，如果单凭一个人的外表和周围人的意见就妄下结论，那么对该人的评价就不够客观。总之，成见太深会丧失客观性。

杞人忧天有时也会让我们看不清实际情况，从而出现麻烦。例如，对自己的病情过度不安，又引发了其他疾病；对工作的忧虑太重，结果自己的实力无法得到充分发挥。这种例子不胜枚举。

综上所述，想象、成见和杞人忧天会让我们分不清事实与臆测，将并非事实的事情当成事实来对待，这本来就是不对的。换句话说，就是不接受事实，把事实与想象混为一谈。

话虽如此，但做到实事求是非常难。正因为困难，我才经常告诉自己要实事求是。不然的话，无论是在生活方面，还是在学习方面，都可能会犯下意想不到的错误。

最关键的是要分清什么是事实，什么是想象或臆测。

## "目标"与"假说"

此外，在学习方面，制定目标是非常重要的。

之所以说它重要，是因为人如果不制定目标，就很难产生前进的动力。

可以说，是否有明确的目标会对人的成长产生截然不同的影响。

这是因为目标会成为一种引力，促使人积极工作，发展进步，这比实现目标更重要。

在年轻读者中，或许有人会说以高考为目标的学习也是有意义的。如果把高考视为年轻时的一个挑战，那么它确实是有意义的。虽然这只是一定时期内的挑战目标，但我认为也是一个难得的经历。高中棒球运动员即便将来不走职业体育的道路，为了家乡和母校的荣誉在甲子园 ① 的赛场上挥汗如雨的运动经历也能成为他们勇闯社会的精神食粮。同理，如果把应试学习视为一种特殊的智力运动，视为一项培育精神力量与智慧的挑战，那么应试学习也能成为一个宝贵的经历。

---

① 指日本高中棒球联赛。——译者注

不过，这毕竟是短期目标，考上大学后，这个目标就烟消云散了。因此，我们应该从更大的角度，例如从人生目标这个角度出发来思考学习。

话虽如此，但不能因为高考不是人生目标就将其舍弃。我想说的是，相较于考上大学就失去目标的应试学习，我们应该制定一个进入大学后，乃至踏入社会后都不会消失的学习目标。学习不应该在我们进入大学后就停止。

就我自身的经历而言，应试学习也是弥足珍贵的。在高考前的三个月里，我竭尽全力拼命学习。为此，我制订了一个在有限的时间内能使效果最大化的学习计划。我的社会科目较弱，所以计划多分配一些时间来学习这门课程；虽然对数学和英语很有信心，但还是要复习一遍。对物理和语文这两个科目也做好了学习安排，以在有限的时间内达到最好的学习效果。

完全没有必要与他人进行比较，每个人都要有自己的目标。我完全不在意朋友在某门学科上的学习进度。虽然知道有几个朋友的学习进度比我快，但我深知即使在意这些也无济于事。后来成为数学家后，这种经历和体会让我在与明显比自己聪明的数学家交往的过程中丝毫不感到自卑和气馁，也对我坚定不移地钻研自己的研究课题的这种治学态度起到了相当积极的作用。

如此看来，目标本身固然重要，但为目标付出的努力具有更为重要的意义。无论是学术界还是艺术界，这个道理都是相通的。

诺贝尔物理学奖得主江崎玲于奈（美国 IBM 沃森研究中心主任研究员）曾对我说，在物理学和工学的研究领域，虽然一些科研成果会按照科学家预测的那样实现，但在很多情况下，科学家会在研究过程中获得意想不到的重大发现，或者因偏离最初的预设目标而实现了一项伟大的发明。当然，这种幸福的发现也是制定一个目标后不懈努力的结果。例如，青霉素就是在霉菌的基础研究过程中被意外发现的。

我在前面重点讲述了关于"目标"的话题，接下来谈谈意思相似的"假说"。

对于"假说"，欧美人与日本人持有截然不同的观点。欧美人主张先设立假说，再进行演绎。

我经常问美国学生现在在研究什么，他们在作答的时候会先说明自己的假说。然而，如果问日本学生同样的问题，得到的答案多半是"我在学习代数""我在学习几何"。

总而言之，美国学生的思维方式是先设立假说，然后尝试各种演绎，如果行不通就调整或更改假说。而日本学生则是先学点什么，然后以此为阶梯尝试撰写论文。而且，很多人的研究态度是碰壁后就调整研究方向，或者改进此前的研究方法。

从某种意义上讲，设立假说是需要勇气的。之所以这么说，是因为无论是数学界还是物理学界，一开始设立的假说大多会以失败告终。

但是，研究人员在设立假说进行研究的过程中会有意想不到的发现。因此，我认为即使最初的假说毫无意义，也必须先设立假说。

从这层意义上讲，年轻的读者如果今后打算从事创造性的工作，就更应该采用先设立假说，然后进行演绎的思维方式。

## 分析与大局观

在承认事实的基础上设立假说（目标），然后不断向目标奋进。在此过程中，我们需要一个具体的方法论作为指导，这个方法论就是彻底分析现象。

那么，什么是分析呢？我用攻城的例子来对此加以解释。

假设有一座坚不可摧的名城，现在有一位武将决定攻城。在这种情况下，如果他认为不管是什么名城，只要率领一个营就能一举拿下，于是草率下达攻城命令，那么他就是一个二流、三流的武将。一流的武将会详细研究城的结构、周围的地形、敌方的兵力等攻城条件。这就是分析。

人在一生中会遇到很多意想不到的难题。如果一遇到问题就想着天上掉馅饼，那么无异于攻城例子中试图包围城堡后强攻一举拿下的武将。采取这种态度和方法肯定无法解决难题，就像无法攻破坚不可摧的城池一样。

这就需要用到分析的方法了。我们需要把问题分解成若干部分，然后进行深入思考，就像武将攻城时寻找小小的突破口一样，找到解决问题的线索。

在过去的五百年间，欧美之所以在自然科学方面取得举世瞩目的成就，就是因为他们拥有优秀的分析能力。可以说数学界也是如此。

例如，日本江户时期有一位叫关孝和的数学家。从他的个人成就来看，在构思层面上他与同时代的西欧数学家不分伯仲，然而在分析能力上就相去甚远了。

有一位哲学家指出，欧美人在遇到一个问题时会将其分割成各种要素，然后从所有角度进行调查研究。与之相反，东方人在遇到一个问题时会不断收集与之类似的问题。可以说东方人拥有一个巨大的锦囊，他们不断向锦囊中塞入类似的问题。锦囊最终会膨胀到宇宙那么大，其中与问题内容相关的争论也随之扩展到非常大的层面，最终，一开始的问题不知消失在何处。从我的经历来看，这也是一个非常有意思的观点。

我认为，分析的方法可大致分为象征性分析和逻辑性分析。象征性分析是把分析对象视为一种象征去思考的分析方法。比如在研究人时把肉体与灵魂视为人的象征去分析。这种分析方法虽然有模糊的一面，但分析到某种程度就能掌握问题的全貌。一般来说，东方人更擅长使用这种分析方法。

逻辑性分析是先确定逻辑上能够解释清楚的要素，然后将这些要素组合起来的分析方法。这种分析方法的缺点是必须忽略或放弃逻辑上无法解释的部分，所以在使用这种分析方法的情况下，有时我们最终无法掌握问题的全貌。

除了以上两种分析方法，还有一种叫作"极限分析"的分析方法。

意大利在 14 世纪左右掀起了文艺复兴的浪潮，进入 15 世纪、16 世纪后，这股浪潮蔓延至整个欧洲，伽利略、开普勒、牛顿等伟大的科学家相继登上历史舞台。我们从这些伟人的研究中可以发现，他们都采用了极限分析这种分析方法。

顾名思义，极限分析就是对一个问题彻底研究，然后推导出非常简单明了的结论。例如，自由落体定律是伽利略提出来的理论，它阐述了在真空条件下任何物体都以相同的加速度下落的原理，物体下落的快慢与它的形状、性质、大小、重量等具体特征无关。

那么，对分析来说重要的是什么呢？

我在前面讲过，数学这门学问具有抽象性。抽象性与现在所讲的象征性分析、极限分析有很大的关系。

例如，地球这颗行星的表面是凹凸不平的，既有高山也有低谷。但我们在研究地球时会忽略其表面不平坦的特征，把它视为一个光滑的"球面"。如此一来，我们能够更加轻松地理解地球自转和公转的相关计算。

抽象是相对于具象而言的，一般来说，这种方法论旨在不断忽略具体的条件、要素和现象，最终找出具有普遍性的根本原理。"把地球视为球体"的象征性分析中抽取了地球整体的特征，这也体现了抽象这个词语的含义。

不管怎样，在分析的过程中要把具体的现象进行抽象化处理。在很多情况下，没有进行抽象的分析是无法解决问题的。

我们数学家在创立理论时也需要做分析工作，此时需要使用抽象的思考方法。在推动理论发展的过程中，我们会尽量忽略具体的因素，逐个击破限制条件，不断增强理论的普遍性。数学可以说是一门"抽象的学问"，抽象的思考方法对数学家来说至关重要。

另外，数学还具有"表达性"。数学中的"表达"是指用十分形象具体的情况再现通过抽象化处理产生的概念。为什么需要再现呢？这是因为很多过于抽象的概念尽管在逻辑上准确无误，但很难让人理解。当通过具体问题来表述相关概念时，人们就会恍然大悟。

表达概念的方式分为忠实地进行表达和通过象征的方式进行

表达。也就是说，我认为后者依附于带有抽象含义的"象征"。在近代数学史上，这种表达方式取得了长足的发展。

不管怎样，我认为，数学的抽象性与表达性这两个侧面也存在于艺术领域，尤其是音乐领域。我想数学家里有很多音乐爱好者也是出于这个原因，对数学家而言，数学和音乐在感情上能够自然地融为一体。我认为，所谓音乐的美，除了声音的美，还包括音乐结构的美。在近代数学中，结构也是至关重要的。音乐结构的选择依赖于美感。数学结构的选择过程也与之类似，美感会在其中发挥巨大作用。

然而，人类的创造中包含各种要素，只有将它们全部汇集在一起才叫创造。因此，我们不是学习了某些知识就能有所创造。基础训练必不可少。我认为，在创造的态度上，音乐与数学非常相似。

前面提到过，我曾在中学时期对音乐着迷。正是出于以上原因，我认为那段经历是有意义的。

为了便于理解分析的真谛，我还是希望各位读者能参考上述内容。虽然我在前面介绍了分析有多重要，但我们也不能忘记分析是有局限性的。

例如，最近 X 射线断层摄影技术取得很大进步，能够分析人脑结构和血流方式等的细微变化。尽管目前的技术已经能够分析如此细微的地方，并积累了大量的医学数据，但人脑中依然存在很多未解之谜。

神经细胞具有非常有趣的特性，它只会对超出某个限度的刺激做出明确的反应。如果神经细胞在任何程度的刺激下都处于兴奋的状态，那么大脑非破裂不可。一旦刺激超过某一限度，神经细胞就会立即做出反应，刺激停止以后，兴奋逐渐消退。

那么，对于综合性更强的精神活动，比如爱情或热情等，我们能不能将其解释为各个神经细胞的刺激与反应的交叉组合呢？这种分析方法难道没有局限性吗？单凭分析大脑的细微之处是无法弄清大多数高级神经活动的。

也就是说，无论分析做得多么细致缜密，世上还是会有很多解决不了的问题，因为分析有局限性。

从另外一个角度来看，我们需要认识到所有事物都具有整体的特性，具有整体的结构。拿棒球比赛来说，即使把众多非常优秀的运动员集中起来组建一支豪华队伍，也不能确保比赛胜利。一支队伍的实力不能通过累加每名队员的能力来推断。团体活动仅停留在加法效应上是没有什么价值的，只有产生乘法效应才有意义。这就是整体的特性。

围棋中的"大局观"和"弃子"与学术创造息息相关

　　时运也会对整体产生影响。在某种契机下，整体有时会爆发出意想不到的力量，取得出乎意料的进步。时运或状态是无法用一般标准来衡量的，它也具有整体的特性。不过，这个特性非常复杂，我们必须考虑各种各样的立场、五花八门的问题、百花齐放的研究课题、形形色色的人等因素。但是，我们必须知道这种特性是真实存在的，必须了解它会产生的意外可能。

　　这种整体的特性并不仅仅与围棋或将棋中所说的"大局观"有关，它在任何领域都是不可或缺的东西。特别是当我们遇到问题，无论怎么分析都找不到解决问题的线索时，纵观全局是非常重要的。当我们掌握问题的总体局势时，解决问题的线索也常常会浮出水面。

## 何谓"简单明了"

在解决问题时，我经常告诉自己要再简单明了一些。关于这一点，我想到了冈洁老师（1901—1978，日本数学家），他曾针对奇点解消问题给予我宝贵的启示。下面我来具体聊一聊"简单明了"的话题。

第一次见到冈洁老师是我在京都大学读研的时候。当时，冈洁老师在奈良女子大学任教，他所创立的理论在法国等地得到了广泛的应用。我在京都大学听了一场冈洁老师的专题讲座。

我已经不记得冈洁老师当时具体讲了什么。坦白说，我对老师讲的内容并不感兴趣。首先是因为他讲的内容过于深奥，听起来像天书一样，而且与我当时研究的数学课题没有什么关系。其次是他讲的内容过于抽象，不知道他是在讲数学，还是哲学，还是宗教学。

我记得冈洁老师曾说想要解决数学问题，闷头解方程式是无济于事的，倘若到达佛的境地，那么无论什么难题都会迎刃而解。我不太确定他的原话是不是这么说的，但确实表达了这个意思。

对于冈洁老师讲述的那些深奥的哲理，参加讲座的其他学生似乎听得如痴如醉。的确，冈洁老师的讲座是大家从未听过的内容。或许是因为冈洁老师的知名度太高，大家看老师的眼神里充满了崇拜和敬仰。

我也参加了后半节的讲座。老师依然慢条斯理地讲述着高深的哲理。

不过，我听到一半就从教室里溜了出来，因为我认为他的观点对学数学没有什么指导意义。

总之，冈洁老师指出，从事数学研究工作必须超越技术层面。我听说现在只要有学生前来拜师，冈洁老师就会带他们到禅寺盘腿打坐，让他们诵读道元的《正法眼藏》，通过这种方式向学生灌输"不超越技术层面就无法在数学上取得成就"的思想。

我们在各个领域里都能听到"超越技术层面"这句话。例如在剑道领域，一位资深的老师曾说："拘泥于技术是不行的。必须不断磨炼自己的心性和意志。"无论是体育界，还是艺术界，到达一定境界的人似乎都有这样的共识。

但是，"超越技术层面"这句话只有那些已经完全掌握技术的人才有资格说。本垒打大王王贞治精通所有击出本垒打的技术，冈洁老师的讲座在某些方面无异于王贞治让高中棒球运动员从上面击球，以击出本垒打。掌握一定击球技术的运动员如果按照王贞治所说的去做，或许能击出大量的本垒打，但高中棒球队的运动员可能只会击出内场滚地球。

因此，从那以后，我就再没去听冈洁老师的讲座了，因为我不想让老师所讲的内容慢慢渗透到自己的思想中。另外，我也对自己说，相比去听高深的讲座，阅读数学的专业图书对现在的自己更重要。于是我熟读了高斯的数论专著。

人类是拥有遗忘能力的动物。人会不断遗忘自己的经历和体验。辛苦学习技术的体验同样会随着学术水平的提升而一点一点被遗忘。但是，那些已经步入超越技术层面境界的人，就像到达顶峰的攀登者，他们面向山脚下的登山人大喊，让他们跳上自己所站的地方。这是多么荒唐啊。即使有人鼓起勇气纵身一跃，想必也会落个失足跌倒的下场。

如今的我认为数学中确实有哲学的一面。从出发点上讲，数学也是人所研究的学问，所以其背后常常存在模糊不清的哲学问题。如果没有哲学，就不会产生伟大的数学。从这一点来说，现阶段的我能在一定程度上理解当时冈洁老师所讲的内容了。

但是，数学终究不是哲学。无论数学中哲学的一面起了多大的作用，我们也不能称之为数学成就。数学具有明显的技术性。

或者说，数学具有独一无二的技术特性。虽然哲学不可或缺，但脱离技术的框架是无法构筑数学殿堂的。

从这层意义上讲，我认为数学是不能超越技术层面的。

不过，冈洁老师对我后来的研究课题带来了宝贵的启发。他果然是一位伟大的数学家。

1963 年，我在布兰迪斯大学任教期间，有一次回日本，受日本数学会之邀，在例会上做了专题演讲。

当时演讲的专题还是奇点解消。虽然当时这项课题已经进入最后阶段，但仍然有一个难关未过。由于这是我倾注心血最多的研究领域，所以我还是选了它作为演讲主题。

很久没有回国，面前又都是日本大名鼎鼎的数学家，我当时着实有点兴奋。该如何介绍奇点解消的理论呢？在演讲前我用了很长时间来整理自己的演讲思路。我思考得很认真。

当时冈洁老师坐在第一排，认真听了我的演讲。老师看起来老了许多。

演讲内容篇幅较长，在此我就不做介绍了。在演讲结束后的互动问答环节中，冈洁老师第一个站了起来。

他斩钉截铁地说："广中，你用的这个方法不行。你把问题看得太简单了。以你现在的态度是解决不了问题的。"

　　我来解释一下冈洁老师所说的"这个方法"。最初我设定了一个最理想的问题形式，并打算以某种方式解决这个问题，但后来发现一下子很难实现这个目标，所以当时认为只要加上一些条件后以某种形式解决问题就可以了。然而，尝试之后发现这一点仍然很难做到，于是设定了更加具体的条件。如此降低要求之后，如果能够解决问题，那么这个理论在某种程度上就会发挥作用。

　　但是，冈洁老师说我用的这种方法不行。虽然当时我表面上波澜不惊，但其实很生气。老师可能是一位有许多学术成就的伟大数学家。但是，放眼全世界，当时几乎没有哪个学者像我这样在奇点消解问题上投入那么多的时间和心血。另外，我在这个问题上还是取得了一些成就的，这也让我有些不服气。但是不管怎样，他毕竟是一位了不起的老师，我还是默默地低下头以示尊敬。

　　冈洁老师接着说："从具体的问题中抽取出相关概念，最终形成最理想的形式对问题来说非常重要，这与你的做法完全相反。只要问题进入理想状态，它就能迎刃而解。"老师的原话可能与此有些出入，但大致是这个意思。

　　我虽然低头说了句"谢谢您的忠告"，但压抑不住内心的愤怒。说实话，我当时真的认为他是在胡说八道。

但是，在这个问题上，冈洁老师的话是正中要害的。

回到美国以后，我稍微改变了一下对问题的思考方法，尝试将问题调整为理想的形式。经过数月的努力，我最终找到了全面解决问题的方法。

正如老师所言，如果给问题加上各种各样的限制条件，往往会看不清问题的本质。反之，若把问题精简成理想的形式，其本质就会变得一目了然。

不光学术界是这样，其他领域也是如此。

例如，在创办一家公司时，如果把目标局限于从某地赚取利润，那么在大多数情况下这种经营理念不会让公司走得太远。因为这种商业宗旨迷失了创办公司的本质，公司当前的运营方式变成了权宜之计。如果转变观念，尝试把公司打造成一流企业，将市场拓展到日本全国乃至全球，就抓住了公司的本质，成功的概率也会大幅提高。

要先把问题简化成理想的形式，或者说，把问题提炼成最纯粹的形式，然后着手解决。这种做法对创造而言同样重要。

为什么说它重要呢？正如前文所述，因为它能在解决问题的方法论上发挥作用。另外，若想创造出简单明了的理论，就要事先进行这种删繁就简的工作。

我认为，不仅仅是数学领域，在其他学问中，最根本的理论也都是言简意赅的。

前面我以伽利略创立自由落体定律为例，指出使用"极限分析"的方法可以推导出简单明了的结论。

伽利略为了推导出"在真空条件下，所有物体从同一高度自然落下的速度相同，下落速度与物体的形状、性质、大小、重量等因素无关"这一结论，做了各种各样的实验。他曾观察过各种物体在水银中下落的情形，结果发现很多物体是不下沉的。他接着又把水银换成水进行实验，结果发现大部分物体会下沉。而且，只要是金属物体，就都会下沉，但依然是重的物体下沉速度快。于是，他开始思索如果在空气中进行实验会是什么结果。他尝试让各种物体从高处落下，结果发现在空气中仍然是重的物体下落的速度快，不过不同物体下落速度的差距大幅缩小。

然后，伽利略设想了非常极端的情况，开始思考物体在真空状态中自由下落会是什么结果。最终，他得出了任何物体的下落速度都完全相同的推论。

这的确是一个简单明了的原理。这种思考方式与牛顿发现万有引力定律的逻辑思考过程十分相似。

作为一名数学家，我经常提醒自己也要这么做。"伟大的数学"是什么呢？其实，我也不知道如何回答这个问题。但是，我认为有简单明了的理论是其中一个必不可少的要素。能够给人带来美感的数学也是简单明了的。说起来容易做起来难，但至少我对数学一直抱有这样的追求。

我有这样的追求与我无论如何也要在美国以数学家的身份出人头地的目标密不可分。美国的数学界重视理论的简洁性，这一点与尊崇复杂费解的日本完全相反。姑且不论孰优孰劣，既然美国数学界就是这种学术风向，那么我即使反感也要努力让理论变得简单明了。

人与人之间的交流也是如此。大多数日本人之间的交流说好听一点叫含蓄，说难听一点就是不够简单直接。

例如，日本人开会时从不表明自己的意见，喜欢说些"虽然自己这么认为，但是某某对此表示反对，他说的也有道理"这样的话来兜圈子。这种说话方式在美国是行不通的，如果用这种方式对美国人说话，对方就会问："你到底是赞同还是反对某某的观点呢？"

如果把相同的情境换到美国人身上，他们会直接说自己反对某某的意见。如果被问道为什么反对，他们就会直言不讳地把反对的理由列出来。

日美两国在交流方式上的差异同样体现在两国的学风上。

我再重申一遍，我并没有说这两种方式哪个更好。但是，我认为在美国这种崇尚简单明了的学风中学习数学还是不错的。若想简单明了地把自己的观点传达给对方，就必须对自己的观点负责。数学也是如此。若想创造出自己能真正负责的理论，就必须付出相应的努力。而且，理论本身也必须是简单明了的。这个理念在我解决奇点解消问题上发挥了巨大的作用。

我在前面谈了经常告诫自己的四点心得，这些心得表明了我的学术态度，或者说生活态度。第一个心得是实事求是，第二个是设立假说（目标），第三个是分析现象，最后一个是陷入僵局时要有大局观。此外，在思考和创造时，要重视"简单明了"。

这些都是本章提出的创造所需的具体方法，我常常铭记于心。在我三十多年的数学研究生涯中，这些方法确实起到了很大的作用。

## 何谓"本心"

我曾在一项研究上白白浪费了两年时间，这让我得到一个教训，那就是前面提到的莫失本心。

那么，什么是本心呢？词典中的解释是"本来的心愿"。但我的解释与之略有不同。

在日常生活中，我们总是习惯站在自己的立场上思考问题。以家庭生活为例，大多数父母经常从自己的角度出发，把自己的意志强加于孩子，希望他们能按照父母的想法行事。

母亲在责备孩子时经常会说"我是为你好"这句话。但是，家长在说这句话的时候真的是为孩子着想吗？我对此持怀疑态度。很多时候，父母只是为了顾及自己的立场和面子而已。

这种情况发生在亲子关系中不会引发什么大的问题，但在普通的人际关系中就不是这样了。由自己的希望、愿望和主张等因素引发的矛盾不胜枚举。

我认为在发生这种不愉快时，最重要的是站在对方的立场上进行思考，也就是要有与对方融为一体思考问题的胸怀和气度。这就是本心。如果能从对方的角度思考，就能在自己或对方的身上找到矛盾发生的原因。找到原因后，再花点时间和精力，很多问题就能得到解决。

本心除了在日常生活中至关重要，在学术研究中，它也是最基本的条件。

例如，在解决数学问题的时候，我们也要站在问题这个研究对象的立场上去思考，最终要达到一种分不清自己和问题的交融状态。只有这样，才能找到解决问题的线索，得出定律。

有一位物理学家曾说："天才就是能把自己研究的问题与自身融为一体的人。"我深以为然。这句话表明本心对学生学习、学者创造、人类生存而言是一种不可或缺的基本素养，但做到莫失本心又非常困难。

让我们重新回到创造的话题上来。只有建立在本心之上，我常常告诫自己的那些话才能成为创造的方法论。

我在前面说过，做到实事求是这一点非常重要。要做到实事求是，只能坚决摒弃臆测、想象和成见，与事实融为一体。另外，即使设立了假说或目标，倘若不与其融为一体，也无法产生奋勇向前的精神力量。大局观和对分析来说必不可少的抽象性也必须与问题融为一体，否则一切努力最后都可能成为泡影。

也就是说，创造的方法论只有以本心为基础，才能发挥出它们的作用。

# 第 3 章

## 挑战精神

## 逆境与人

人活着就要学习，学习充满乐趣；人活着还要有所创造，创造的过程中蕴藏着在学习阶段无法体会到的惊喜。这些话我在文中说过很多次，它适用于任何人的人生，做学术的人更应该铭记于心。

换句话说，我认为学术界中学习的乐趣和创造的乐趣就是思考的乐趣。无论什么领域的学问，唯有获取新的发现，有所创造，才会有它存在的意义。学问只有在"发现"和"创造"中才会产生意义。机械地输入输出知识不会产生学问，也不值得我们对其进行评价。各种各样的知识是思考的资料，而读书则向人们提供思考的契机。

有了这样的思想准备，知识积累起来就会变得意外轻松，读书也不再是一件苦差事。思考时用耳朵听、用身体感受、用眼睛阅读，思考后忘掉此前的所见所闻也无妨。倘若以"不能遗忘"的标准来要求自己，那么在真正做学问前就会身心俱疲，没有动力去学习了。做学问原本就没有那么难，喜欢思考的人都可以做学问，都能体会到其中的乐趣。

这是我在自己历经半个世纪的人生之旅中得出的结论。我就是以这样的人生观来讲述自己的学问论的，不知前面的内容给年轻读者留下了怎样的印象。下面我想先谈谈年轻朋友们的人生。

创造的动力究竟从何而来？创造背后的重要条件是什么？下面我想与大家一起来思考一下这个问题。

法国著名数学家庞加莱（Poincaré）曾说："创造就像蘑菇。"

作为一个日本人，一说起蘑菇，我立马联想到了松茸。也就是说，按照庞加莱的说法，松茸之类的蘑菇就是创造。

众所周知，松茸在地表下长有菌根。在极其适宜的条件下，它的根会在生长的过程中形成圆形的蘑菇圈。然而，如果松茸的根一直处于这种适宜的条件之中，菌根就会疯长，无法长成蘑菇，最终衰老枯萎。据一位很懂植物的朋友介绍，有的松茸甚至可以在长达 500 年的生命历程中只长根，不长蘑菇。

那么，怎样才能长出蘑菇呢？我们必须选取一定的时机，给发达成熟的根部施加干扰菌根生长的条件。此时的干扰条件可以是季节更替带来温度变化等外在的自然条件，也可以是使用松香或酸性物质等物质进行干预的人为条件。总之，施加此类条件后，菌根为了继续生长会在根部不断形成孢子形态的种子，不久后便会长成松茸。

创造就像松茸。对于庞加莱说的这句话，我的解释如下。

人若想有所创造，首先必须经历一个积累的阶段，就像松茸的根在地表下不断生长一样。但是，倘若一直处在积累的阶段，就会像松茸无法形成蘑菇而走向枯萎那样，注定此生与创造无缘。

我在前文中提过佛教中的"因缘"，如果从因缘的角度来思考创造性，那么我认为"因"就如同地表下成熟的松茸菌根，是指人自身所积累的知识，其中包括从父母那里继承的东西、向身边的人学到的东西和在学校学到的东西。然而，仅有"因"并不能让我们有所创造或超越自我。

"缘"也是必不可少的。

"缘"就像在某个时机向松茸施加的干扰条件一样，是人在进行创造时不可或缺的条件。"缘"是让积累的知识找到用武之地的条件。佛教将"缘"分成"顺缘"和"逆缘"。在实际生活中，往往是"逆缘"给我们带来奋勇向前的动力。

"逆缘"用我们常用的词语来表达，就是"逆境"。

## 创造与情绪

有些人会对自己的先天条件持否定态度。例如，有人感叹，正是因为从父母那里继承了聪明的头脑，人生才走错了路。相反，也有人抱怨父母的脑袋不灵光，所以自己很难成事。甚至有富家子弟觉得自己要是像二宫金次郎那样出生在贫苦家庭，肯定会好好学习。

与之相反，有些人会积极地看待自己的先天条件，并把这些条件全都用于提升自我。

我记得松下幸之助好像在哪里说过"景气好，不景气更好"这样的话。把这句话套用到人生上，就是"顺境好，逆境更好"的意思。对一些人而言，无论是顺境还是逆境，他们都能走向成功。

例如，身患重病住院多年的人，在住院疗养期间，通过不断进行思考、阅读和写作，最终成为一名作家。这就是在逆境中获取成功的典型事例。

在我看来，世上的所有成功人士，都具备把逆境转化为自己人生宝贵财富的能力。不得不承认，创造也与逆境密不可分。我在巴黎遇到过一位学者，这一点在他的身上体现得淋漓尽致。

1958 年，也就是我在哈佛大学留学的第二个年头，学校从法国请了一位数学家过来讲课。这位数学家叫亚历山大·格罗滕迪克（Alexander Grothendieck），在代数几何领域，他是一位赫赫有名的大人物。当时致力于研究代数几何的约翰·泰特（John Tate）教授在哈佛大学任教，在他的建议下，校方决定让格罗滕迪克来美国做为期一年的特聘讲师。

格罗滕迪克不是高校的教授，他是法国高等科学研究所（IHES）的研究人员。法国高等科学研究所是一个私立研究所，主要创始人是原巴黎大学的数学教授迪厄多内（Dieudonné）和酷爱数学的实业家莫查纳（Motchane），经费也主要是他们两人从商界筹集来的。当时哈佛大学看中格罗滕迪克的才华，向他抛出橄榄枝。如此能力出众的他为何从来没有在大学担任过教授呢？这跟他的出身有关。

与扎里斯基教授一样，格罗滕迪克也是犹太人，1928 年出生于德国柏林，父亲是革命家，母亲是记者。在第二次世界大战期间，他被迫进入德国的收容所，16 岁时随母亲一起来到法国。受时代背景和家庭环境所限，他未接受过正经的初等教育。然而，他进入蒙彼利埃大学后，充分展现了自己的数学才能，并在后来成为菲尔兹奖得主。

格罗滕迪克是如何躲过德国纳粹的围捕逃到法国的呢？他在蒙彼利埃大学是跟随哪位教授学习，从而挖掘出数学才能的呢？在成为法国高等科学研究所的研究人员之前，他又经历了什么呢？对此，我几乎一无所知，但我知道他是犹太人，而且没有国籍。美国的大学向所有的有识之士敞开教学的大门，完全不介意教授是否有国籍，也不介意国籍是哪里，哈佛大学就是如此。但是，法国和日本很像，奉行等级森严的官僚制度，无国籍人士是不允许担任大学教授的（现在似乎有所改变）。

尽管拥有聪明的头脑和高深的研究课题，但因为自己的出身，格罗滕迪克从未当过教授。幸运的是，我在哈佛大学留学期间听了一年他的课。

当时的格罗滕迪克将研究领域从解析几何转向代数几何后，开始了彻底改写代数几何学基础的工作，不断推进概型理论的创立。

在听课和切磋学术的过程中，我与格罗滕迪克成为好朋友。有一天他问我，等他在哈佛大学的教学任务结束以后，是否愿意与他一起回巴黎的研究所。当时格罗滕迪克对我的研究给予了很高的评价，并邀请我到法国高等科学研究所工作6个月。

在第二次世界大战爆发之前，德国是研究数学的中心，战后中心转移到了法国。20世纪50年代，法国数学称霸整个欧洲，全世界的顶尖数学家都聚集在那里。

我在前面也介绍过，数学这门学问具有极强的国际性。有一种观点认为，数学家若不具备这种国际性，就算不上真正的数学家。我自然接受了格罗滕迪克的邀请。

1959年年底，我来到了期待已久的法国。现在的法国高等科学研究所位于巴黎郊外一个叫伊薇特河畔比尔的地方，规模相当庞大。然而，当初的研究所只是租用了市内一家博物馆的一层楼，研究所内仅有办公室和教室。成员只有四人，包括创建者迪厄多内和莫查纳，还有被迪厄多内发现的格罗滕迪克，以及一位秘书。

我是这个研究所的第一个外来成员。在此后的半年间，我既是研究所的成员，又是格罗滕迪克的学生。虽然仅有短暂的半年时间，但我学到了很多宝贵的东西。

格罗滕迪克是个了不起的人物，他能在数学世界中无所畏惧地进行探索。一般来说，数学家会花很长时间来选择适合自己的研究课题，但他是一位非常豪爽、不拘小节的"怪才"，无论碰到什么课题都照单全收。他精力充沛，一天之内能写出一二百页的论文，并能从中迸发出新的想法。总之，他是一位非同寻常的激进型学者。

1966 年，在莫斯科召开的国际数学家大会上，格罗滕迪克被授予菲尔兹奖，他开创了代数几何的一个新纪元。他的主要成就简单来说就是为了严密地证明韦伊猜想，在代数几何学的基础上完全使用了上同调代数学，并提出了"格罗滕迪克同调"的新概念。

我从格罗滕迪克身上认识到了数学家的多样性，并且受到了他的影响。

同时，从格罗滕迪克对数学这门学问的态度中，我学到了无法替代的东西。

格罗滕迪克对数学的执念和热情十分惊人。

他的这种执念和热情是从哪里来的呢？

带着这样的疑问仔细观察他的学术态度后，我认为这可能来自于他经历过的让人难以想象的逆境。

格罗滕迪克从来没有向我倾诉过他的艰辛经历。一是他不是这样的人，二是即使我向他打听，也无法真切地感受到他从德国的收容所逃到法国，没有国籍，专心钻研数学的残酷经历。

此外，对于他人眼中那些凝结着心血与汗水的艰辛经历，他本人可能从未觉得困难和辛苦。

例如，我曾告诉别人，自己上大学的时候因为缺钱买不起昂贵的书，所以一到暑假就借来教授的书，回到老家将书上的内容整个誊抄到大学笔记本上。还说过自己用买学士帽的钱买了一本书；大学时期与朋友们一起去海边玩的时候，其他人都穿着泳裤，只有我穿着兜裆布；读本科和研究生的七年，我住在仅有三张榻榻米大小的屋子里，把一个盛橘子的空箱子当成书桌，下面再垫一些书作为支撑，铺的褥子和盖的被子全都是没有布面的一层薄薄的棉絮。

京都大学一年级的夏天，我与故乡的朋友们一起到海里游泳

很多人听了我的故事后，会注视着我说："真是苦了你了。"然而，我聊这些经历并不是为了表达自己过去有多么辛苦。实际上，我偶尔还会给弟弟生活费。我承认当时的学生生活贫困不堪，但我并没有感觉辛苦。

人在对某件事着迷的时候，即使吃再多的苦，也不会觉得辛苦。虽然我的经历完全无法与格罗滕迪克的相比，但通过我自己的经历可以推测，他应该也不曾感到辛苦。

无论如何，我认为连续不断的逆境最终转化为他对数学的热情，也许正是这一腔热情支撑着他干劲十足地开展着创造性活动。

有人曾说，艺术家若想一直从事创造性活动，就要保持饥渴的状态。我从格罗滕迪克这样的数学家身上发现，这句话也适用于学术界的创造性活动。我认为学者也是如此，若不保持饥渴状态，就无法持续地进行创造。

人们普遍认为数学这门学问与感情或热情没有什么关系，但按照前面所讲的内容，数学的创造性活动似乎与热情有着千丝万缕的联系。看上去与人的热情无缘的自然科学，在我们创造新的理论、定律、定理时，恐怕都要大力借助这种热情的力量。

## 欲望与需求

创造需要热情的力量。艺术界中的创造自然不用说，各类学问的创造和日常生活中的创造也需要这种热情的力量。那么，这股热情具体指什么样的感情呢？

爱迪生说过"需求是发明之母"（Necessity is the mother of invention）。这句话的意思是需求会催生发明或创造。不过，"需求"这个词语又该如何解释呢？

"需求"在英语中主要有两种表达方式，一种是 needs，一种是 want。虽然它们都被翻译成"需求"，但实际上二者的意思并不相同。

从空间层面上讲，needs 这个词用于表示判断外部情况后推断出来的需求，从时间层面上讲，用于表示以人从过去到现在所积累的经验和形成的认知为标准推断出来的需求。而 want 表示内部需求，从时间层面上讲，表示现在和未来的需求。也就是说，want 是包含欲望和短缺等含义的"需求"。

说点题外话。我们经常在企业的宣传册上看到"精准捕捉消费者的需求（needs）……"之类的话，我认为这种表达方式不太恰当，因为 needs 是从过去的认知中推断出来的，如果按照这种方针经营，那么企业可能会走向衰落。如果非要表达这种意思，我认为应该写成"准确把握消费者之所想（want）……"。

总之，needs 是理性判断的产物，而 want 是当下自己内心的一种执念，一种难以忍受的需求。我认为，对创造而言，needs 固然不可或缺，但有时没有 want 也是不行的。也就是说，在支撑创造性活动的背后，必须有"要是创造出这样的东西就好了"这种原始的欲望，以及不断探求所缺之物的执念。

我想向年轻的读者朋友特别强调这一点。人在决定自己未来的发展方向时会有各种各样的信息作为参考。例如，根据自己的偏差值①选择院校和专业，或者根据职业种类选择就职企业等。很多人就是这样根据各种信息推断出自己的需求，继而决定自己的发展方向的。

但是我认为，按照这种方式做出决定的人，如果不能通过某种方法将 needs 转换成 want，就会在实践中遭遇挫折。总之，拥有"我想钻研这门学问""我想从事这项工作"的欲望是不可或缺的。

格罗滕迪克和扎里斯基教授都是那种在难以想象的逆境中保

---

① 偏差值是指相对平均值的偏差数值，在日本常用于考察学生的智能和学力。——译者注

持饥渴状态的数学家，他们取得辉煌成就的原因之一就是拥有 want，这种热情在向他们源源不断地提供前进的动力。

总的来说，在创造的过程中需要实现飞跃。创造的东西越新颖，实现飞跃就越重要。实现飞跃必须借助内在欲望的力量。我认为，飞跃的原动力并不是 needs，而是 want。

我在本书的开头部分介绍了奇点解消，在回顾这个现代代数几何难题的求解过程时，我的这种感触变得更加强烈。

纵观数学史后判断出有必要解决这个问题并不是我对奇点解消问题产生兴趣的原因。也就是说，我不是因为认识到了 needs 才决定去解决这个难题的。我只不过觉得发现奇点解消定理是一件很酷的事而已。可以说，我对未来数学的 want 让我迷上了这个问题。而且，正是这种源自内在的 want，在长达八年的时间里一直支撑着我的梦想，并提供了向创造飞跃的原动力。

## 向奇点解消发起挑战

我觉得有必要先详细介绍一下我是如何解决奇点解消问题的。

我想读者朋友已经通过过山车的轨道及其影子的例子了解了这个问题的梗概，下面我用另外一个例子来解释一下这个问题。

假设要建设一条连接东京和大阪的高速公路，路线中间会绕琵琶湖一圈。然而，按照这种施工要求去建设会在某地形成一个交叉点，所以我们无法在平面上建成一条没有交叉点的高速公路。这个交叉点就是奇点。那么我们要如何消除奇点呢？绕湖一周的道路只要采用立体交叉的方式建造就可以了。也就是说，只要增加一个高度就能解决问题。在数学领域中，这种做法叫增加参数。在平面户型图中，一楼和二楼的厕所错综复杂地重叠在一起，让人难以区分清楚，但若加入高度这个参数，则变得一目了然。

虽然通过增加高度这个参数消除了道路本身的交叉点，但是上下两段路落在地上的影子仍然存在交叉的地方。也就是说，尽管道路本身没有奇点，但是它们的影子中依然存在奇点。那么，该如何消除影子中的奇点呢？这就需要不断增加或减少参数。

这只是平面中存在的奇点问题，令人棘手的是任何维度的图形中都会产生奇点。奇点解消的目标就是消除任意维度的图形中产生的奇点，并证明能实现这一目的的理论。

所有现象都可以用图来表示，经济现象也是如此。如今经济发展日新月异，表现出的经济现象涉及多个方面，需要分析的参数也随之增加，用于阐明复杂的经济现象而制作的图也成了多维的。如果用一张图来表示所有的经济现象，那么复杂的图形中会出现很多交叉的或突出的奇点。在这种高维的图中，如果我们对其中产生的奇点置之不理，在分析现象时就会很难进行计算，普通定律根本不奏效。在这种情况下，如果能用奇点解消定理将其转换成没有奇点的图，不仅计算会变得简单，方程也会变得容易处理。错综复杂的经济现象通过若干图表的简单组合就能清晰地呈现出问题的内容了。

这就是奇点解消定理的应用示例之一。除此之外，该定理还有很多用处，我就不一一赘述了。

不管怎样，从遇到这个问题到发现定理，我几乎没有想过解决这个问题有什么用。更确切地说，我从没想过它的应用问题。

秋月研讨班上的欢迎会（前排左起第二个人是秋月教授）

如前文所述，我第一次知道这个问题是在读大学三年级的时候。秋月康夫教授指导的研讨班非常重视代数几何的未来，大家的研究热情十分高涨，计划把与这个领域相关的所有知识都从头学习一遍。京都大学有一个传统，即本校出身的教授会让自己门下的本校学生担任副教授，并接着教相应的课程。对于京大的这项传统，秋月教授大胆尝试改革，只要在其他大学发现优秀的人才，就不断将其招入麾下。这个研究室初期活动的主要参与者包括井草准一（东京大学出身，在秋月教授的研

究室任副教授。现任约翰斯·霍普金斯大学教授）、松阪辉久
（现任布兰迪斯大学教授）、伊藤清（东京大学出身，现任学习
院大学教授）、永田雅宜（名古屋大学出身，现任京都大学教
授）、户田宏（大阪大学出身，现任京都大学教授）、松村英之
（鹿儿岛大学本科，京都大学硕士，现任名古屋大学教授）、西
三重雄（京都大学出身，现任广岛大学教授）、中井喜和（东京
教育大学出身，现任大阪大学教授）。除以上八个人以外，研讨
班中还有我和秋月教授门下的中野茂男（京都大学出身，现任
京都大学教授）。这个研讨班是当时京都大学里是最活跃的研
讨班。

　　在京都大学这个最具革命性的研讨班里，我是以秋月教授
"徒孙"的身份参加进来的。由于我读大三的时候数学基础尚浅，
所以基本听不懂研讨班上不断蹦出的难题。不过，大家每周都会
公布各自的新成果，而我也会花整个下午默默地听他们热烈的讨
论，在此过程中，我亲眼见证了数学是如何被创造出来的，这让
我受益匪浅。我在前面说过数学这门学问具有明显的技术性，这
个时期就属于磨炼"技术"的阶段。当然，磨炼技术的阶段并不
止这一时期。

　　到了读大学四年级的时候，我逐渐对代数几何有所了解，此

时西三重雄在研讨班上介绍了奇点解消的问题。他介绍了扎里斯基教授发表的关于解决三维代数簇的奇点解消问题的论文。扎里斯基教授用绝妙的方法解决了一维代数簇的奇点解消问题，此后又针对二维代数簇的奇点解消问题写了三篇论文，接着又解决了三维代数簇的奇点解消问题。

但是，扎里斯基教授在解决三维代数簇的奇点解消问题时使用的方法非常生硬，使理论无比费解。因此，大家都认为四维及以上维数代数簇的奇点解消问题很可能无法得到解决。

我在前面介绍过自己为何对这个问题着迷，这里就不再赘述了。总而言之，我把数学中的这个问题类比成了"佛的世界与人间"的关系。这的确是一种可笑的行为，但它确实是让我迷上这个问题的原因。我只是以这样的观点来看待这个问题而已，从没想过自己能解决它。毕竟当时我连扎里斯基教授的三维代数簇的奇点解消理论都不是很懂，自然不敢幻想自己能成功。我只是突然发现原来数学中还有这样的问题，并且对解决这个问题后会在哪些方面带来改变稍微有点兴趣，于是翻阅相关文献，开始思考这个问题。

虽然我的第一篇论文遭遇差评，但是我在扎里斯基教授面前发表第二篇论文后，获得了到哈佛大学留学的机会。此后，我便在扎里斯基教授的指导下埋头研究"有理变换"和"奇点"的相关内容。

在我开始学习有理变换的第二年，我与扎里斯基教授的另一位学生阿廷共同举办了研究扎里斯基教授的奇点解消理论的研讨班。也就是说，我学了两遍同样的理论。

差不多就是在那个时候，我拜访了一位叫阿比扬卡（Abhyankar）的数学家，他当时在康奈尔大学担任副教授。阿比扬卡是印度人，也是扎里斯基教授的学生。我之所以去拜访他，是因为我听说他对奇点解消问题非常关心。

我当时已经正式开始研究这个问题。当然，我依旧没有想过自己能解决它，只是觉得就算解决不了，也能多少做点贡献。也就是说，对我而言，此时的奇点解消已经变成带有一点现实色彩的梦想。我之所以去和阿比扬卡交流意见，也是因为期待能从他那里获得某些启示。

我毫无顾忌地把当时自己对奇点解消的想法都告诉了阿比扬卡。既然存在奇点，那么奇点应该也有它的特性。这样的话，只要依次将奇点的特性转换成抽象的概念并用数值表示出来，最后就能解决这个问题。

　　详细内容有些复杂，在此省略不谈，不过我跟他讲的核心内容大致就是这些。

　　然而，阿比扬卡的想法与我的观点互相矛盾。自信十足的他斩钉截铁地对我说："你的方法绝对解决不了这个问题！"结果我们的交流以破裂告终，但这对我而言也是一剂良药。

## 带着问题入睡

在那之后的几个月里，我一直埋头研究这个问题，但始终找不到解决问题的线索。就在此时，我听到哈佛大学的鲍特教授说了这样一句话——带着问题入睡（Sleep with problem）。这句话的大体意思是，要日思夜想你要解决的难题。

那段时间我的确是带着奇点解消问题入睡的，但没有什么收获，反而进一步认识到了解决这个问题的难度。对这个问题研究得越深入，就越觉得迷惑，仿佛自己在深不见底的迷潭中越陷越深。

于是，我只好暂且从这个问题中抽离自己。

我这么做并不是放弃了梦想。我知道自己开始着手解决的这个问题有多难，这反倒更加激发了我向其发起挑战的热情。实现这个梦想的欲望在不断膨胀。

从巴黎回来取得哈佛大学博士学位（1960 年 6 月）后，我再次尝试向这个问题发起挑战。那时我在布兰迪斯大学担任讲师。

虽然这次我铆足干劲苦心钻研奇点解消问题，但又以失败告终。

不过，在布兰迪斯大学工作的第二年，也就是从我开始担任副教授起，我渐渐有了自己的构想。这个构想很难用一句话概括，总之，在我日思夜想这个问题的过程中，我找到了解决问题的线索。

然而，就是在这个时候，我遇到了一件让我有些泄气的事情。

有一位叫克劳德·夏瓦雷（Claude Chevalley）的数学家，他是法国数学界的代表人物之一。夏瓦雷于1909年出生于南非的约翰内斯堡，毕业于巴黎高等师范学院，曾在普林斯顿大学、哥伦比亚大学任教，凭借《李群论》《代数函数论》和《夏瓦雷群》等研究论文，成为享誉世界的大数学家。

我听朋友说，夏瓦雷对奇点解消问题持否定态度。

当时，我用不同于扎里斯基教授的方法解决了一维代数簇的奇点解消问题。我认为如果沿用该方法进一步发展我的理论，一定能解决二维、三维代数簇的奇点解消问题。然而，此时夏瓦雷说奇点解消问题不是那么简单就能解决的，即使有人解决了这个问题，那时代数几何学的一般性理论可能已经发展得很成熟，奇点解消问题的价值或许没有那么大了。我虽然没有直接听到他说这些话，但是从朋友转述的话中听出了他对这个问题持否定态度。总之，夏瓦雷认为解决这个问题没什么用，没什么必要去研究奇点解消问题。

两度碰壁的我比任何人都清楚，这绝不是一个轻而易举就能解决的问题。正因为如此，我更想向它发起挑战，但被别人说"解决了也没用"之后，我感到颜面尽失，要说自己当时没有泄气是不可能的。

后来，我敬爱的格罗滕迪克也说了让我挫败的话。

有一次，我从剑桥去机场送格罗滕迪克回巴黎。在去机场的路上，我在车里对格罗滕迪克聊起了奇点解消。

当时的我似乎非常兴奋。这也是理所当然的，因为那时我已经用自己的方法解决了二维、三维代数簇的奇点解消问题。如果继续研究下去，四维代数簇的奇点问题应该也能解决。我期待着格罗滕迪克的反应，想必他会肯定这项研究的价值，并给我带来一些重要的启示。我完全沉浸在自己的世界里说个不停。

然而，坐在我旁边的格罗滕迪克完全辜负了我的期待。

格罗滕迪克没有表现出特别高兴的样子，甚至有些心不在焉，因为整个过程中他几乎没有搭腔，而且最后他说的一句话证明了他没在听我说话。

他说："若想证明四维代数簇的奇点解消是不成立的，只需要……"

当时我感觉自己就像挨了一棒，备受打击。

说这句话的不是别人，而是指导过我半年的老师，是我特别尊敬的格罗滕迪克。所谓目瞪口呆，可能就是我当时的状态吧。难道我沉迷于奇点解消问题只是为了证明它是一个谎言吗？这么伤人的话令我心灰意冷。

不过，也有人曾给予我鼓励。

这个人便是扎里斯基教授。我当时一边在布兰迪斯大学工作，一边在哈佛大学的研讨班学习。有一天，我和扎里斯基教授在校园内擦肩而过。知道他一向很忙，所以我只打算跟他打个招呼。

然而，他拦住我问："你现在在忙什么？"

"我正在重新思考奇点解消的问题。"我回答。

他若有所思地拍着我的肩膀说："你需要一口结实的牙齿去啃它。"（You need strong teeth to bite in.）

提前备好结实的牙齿这句话体现了扎里斯基教授的幽默感。若不咬紧牙关则解决不了这个问题，所以他给我的忠告是必须备好一口结实的牙齿。扎里斯基教授是想让我下定决心努力去做。

奇点解消是扎里斯基教授亲自研究过的问题，所以他深知这个问题的重要性。不管怎样，他的话让我备受鼓舞。

另外，法国数学家汤姆（Thom）的话也令我振奋，我也经常把他的话说给自己听。他说："从事代数几何研究工作的人净是些懦夫，一遇到棘手的问题，就扬言解决了也没有意义。这是代数几何学家的惯用伎俩。"

汤姆的话还是比较中肯的。我曾暗自发誓绝不做他嘴里的"懦夫"。

在布兰迪斯大学工作的第二年，我就是这样下定决心重新踏上奇点解消问题的研究之旅的。不久后的一个夜里，我终于突破最后一道防线，找到了解决问题的大方向。

如前文所述，从一维到三维的奇点解消问题是由扎里斯基教授解决的。我的研究目标是创造一个可以解决任意维数奇点解消问题的理论。我秉持坚韧不拔的信念，经过多次挑战和不懈努力，终于用不同于扎里斯基教授的方法解决了任意维数的奇点解消问题。

我兴奋地拿起电话，强有力地拨着扎里斯基教授家的电话号码。我当时感觉如果不找别人说一下，自己就无法平静下来。

"我好像解决了所有维数的奇点解消问题。"

扎里斯基教授接通电话后，我迫不及待地对他这样说道。他的声音一如既往地冷静。总而言之，少言寡语的他当时只给了我"要谨慎行事"的忠告，随即安静地放下了电话。

的确，此时最重要的就是谨慎再谨慎，否则自己可能会陷入无法挽回的尴尬境地。过去就有好几位数学家宣布解决了奇点解消问题，结果闹出了乌龙事件。其中还有数学家发表了相关论文，结果遭到扎里斯基教授毫不留情的指正。

自认为百分之百解决了问题，但没想到疏于检查细节，最终问题还是没有解决，这样的情况在数学界屡见不鲜。曾经有一位年轻的数学家宣布自己解决了某个难题，并发表了相关论文，但之后被指出存在重大错误，从此一蹶不振。扎里斯基教授给予我"要谨慎"的忠告就是为了防止我重蹈覆辙。

不久后，我在哈佛大学开设了以这个问题为焦点的研讨班。我打算在研讨班上和参加人员以问答的形式，彻底检查一下理论的相关细节。

后来我觉得有必要改进在解决问题时使用的原创方法。于是，我向学校提出了停办研讨班一个月的申请。就在得到校方批复后不久，我偶然遇到扎里斯基教授，他问我："你的奇点解消理论还是定理吗？"

有时虽然以为自己的理论是得到证明的"定理"，但经过仔细检查后却发现其中存在漏洞，结果问题还是没有得到解决。这种例子在数学界中层出不穷。扎里斯基教授是担心发生这种情况才这么问我的。我充满自信地答道："还是定理。"

虽然存在几处必须改进的地方，但是我坚信我的思路没有问题。

从那以后，我把所有时间都放在写论文上。本来我就是个夜猫子，经常吃完晚饭后看电视或者和家人聊天，到晚上十点才开始工作，睡觉的时候已经是早晨五点左右了。我入睡后不久，妻子就会起床，清点我昨夜写的稿子的页数，然后将稿子交给打字员。我睡醒以后会通读打印出来的稿子，仔细检查逻辑结构方面是否有错，证明细节是否严谨。如果没有任何问题，就开始思考下一步，就这样不知不觉到了晚饭时间。那段时间我的日常便是如此。

当然大学里有课的时候，我也得过去上课。但是，当时我一天只睡三四个小时，而且前一天夜里与问题奋战的余韵未尽，昏昏沉沉的大脑让我无法在课上百分之百地集中注意力。真是对不起那些来听我课的学生。

用写小说的方式是写不了数学论文的。其实我没有资格这么说，毕竟我没有写过小说。不过，我认为二者在写作方式上完全不同。比如，写到一半时发现不妥之处，小说的话可能不用重写，但数学论文就不是这样了，哪怕发现一星半点逻辑上的错误，都必须推倒重来。因此，很多时候头一天写下的十几页稿子，到第二天都会变成没用的废纸。在写关于奇点解消问题的论文时，我不知道遇到多少次这种情况。每当遇到这种情况，早上去学校的心情都无比沉重。

不管怎样，历时两个多月，在一天深夜里我的论文终于完成。论文的正式题目为 "Resolution of singularities of an algebraic variety over a field of characteristic zero"（在特征零的域上代数簇的奇点解消）。

这篇论文原稿的厚度能与马萨诸塞州的电话号码簿相匹敌。因此，数学家们后来都用"广中的电话号码簿"来代指这篇论文。在证明定理的论文中，据说我写的这篇论文是数学史上篇幅最长的。

论文内容分两次刊登在美国的数学期刊《数学年刊》上。

过了相当长的一段时间后，扎里斯基教授在卸任美国数学学会会长的纪念演讲中说道："广中取得了胜利。"

据说在我发表论文之后，扎里斯基教授还曾多次用他自己的方法验证过我的理论。他在演讲中宣告我推出了他未能推出的理论，以此来表示对我这位学生的关怀。

## 学术态度

当我重新翻阅自己写的这篇论文时，又有了新的发现。

从八年前我遇到这个问题到现在，虽然无意为之，但在此期间所学的数学知识和进行的研究创造都以解决奇点解消问题为中心。早在京都大学读研时，我发表的第一篇论文其实也与奇点解消有关，之后发表的论文也是如此。我的博士毕业论文是自己创造的有理变换理论，它看上去与奇点解消毫无关系，但其实也在解决奇点解消问题上间接发挥了作用。

回顾这项工作，我还深切地感受到自己具备得天独厚的条件。

首先，我有幸成为扎里斯基教授的学生，他不仅深知奇点解消的重要性，还解决了三维以下的奇点解消问题（不过，如果我当时只使用教授的研究方法，最后可能无法完全解决这个问题）。其次，在巴黎为期半年的研究生活中，我从拥有大局观的格罗滕迪克身上学到的东西，以及从秋月研讨班的永田雅宜（与我同年进入哈佛大学担任客座教授，现任京都大学教授）那里得到的启示，都是我走向成功的重要支撑。

　　当然，我也有自己的想法。但是，我把在这三位从事创造性工作的老师身上学到的东西融会贯通后，在不知不觉间就解决了奇点解消问题。是他们成就了我，这是我的真实感受。

　　对于他们在无形中给予我的优厚条件，我表示由衷的感谢。

　　创造的关键在于需求（want），这是我们本章讨论的主题。为了说明这一点，我用了一些篇幅介绍了自己的工作。在此我想做个总结，谈谈我在工作中收获的三个教训。

　　第一，在创造过程中，灵活性至关重要。在解决奇点解消问题之前，我曾两度向这个问题发起挑战，但都以失败告终。面对失败，我并没有固执己见，最后的结果证明我这样做是明智的。常言道：旁观者清。当创造之旅举步维艰时，我选择与其保持距离，以旁观者的角度审视问题，然后静待思想和理论之花自然盛开。

　　如果我在碰壁时仍然执迷不悟，结果会如何呢？恐怕自己会被这座大山压垮，奄奄一息吧。一想到这一点，我就无比庆幸当时采取了灵活的处理方式。

　　这种灵活的处理方式在教育孩子的过程中也很重要。孩子在成长过程中，既有让人觉得可爱的时候，也有让人束手无策的时候。但是，我们并不能因为孩子令人讨厌就断绝亲子关系。那么，该怎么办呢？就像处理棘手问题时一样，要采取灵活的方式，在保持一定距离的基础上关爱孩子。

创造就像养育孩子，我在前面说过这样的话。对于需要采用灵活的处理方式这一点，二者确实很像。

说点题外话，在灵活性方面，我感受到日本人与美国人的差异。

大体来说，日本人在清楚地阐述自己的观点之前，会表现出非常灵活的态度，一旦抛出自己的主张，灵活性就会突然消失。即使已经通过少数服从多数的方式做出决定，事后也会传出"被出卖"或"不公平"等流言蜚语。据我所知，美国人在阐述主张的阶段往往会坚持自己的意见，一旦要通过投票表决等方式做出决定，他们就会拿出出人意料的灵活的态度。

第二，这里我就不反复强调需求（want）对创造的重要性了，不过我深切感受到的一点是这种需求必须完全发自内心。

这是为什么呢？因为我们自认为的需求，实际上大都是由社会潮流或媒体宣传的信息所形成的需求。

这种需求是非常脆弱的。一旦外界形势发生变化，它就会立即消失。而且，这种需求无法向创造提供源源不断的动力。

幸运的是，我对解决奇点解消问题的需求不是来自外界。

第三，只有尝试创造，才会产生价值。我在引用富兰克林的故事时就说过这句话，所有东西只有被创造出来才有存在的意义，才是一个独立的个体。

如前文所述，有些人认为没有什么必要去解决奇点解消问题，甚至有人当面对我说解决这个问题没用。

然而，当我推出这个定理之后，各种各样的应用理论接连诞生。我自己也发表了相关应用理论，但没想到从中不断发现巧妙应用理论的竟是曾向我泼冷水的格罗滕迪克。当时我向他介绍自己研究的奇点解消时，他完全没有听进去。然而，该定理诞生后，他接二连三地发表了此前根本无法想象的应用理论。

看到定理不断体现出它的价值，我深深地领会到富兰克林的话中所包含的深意。

以上三个教训是我在研究奇点解消问题的过程中总结出来的，我希望在今后的工作中也能充分利用这些教训。

## 数学与运气、迟钝、毅力

完成奇点解消的论文后，我参加了在瑞典的斯德哥尔摩召开的数学国际会议，并借此机会在欧洲游玩了约三个月。从那年的 9 月开始，我利用布兰迪斯大学批给我的研究休假，在位于新泽西州的普林斯顿高等研究院度过近一年的时光。这个研究院的集体活动仅为一周一次的研讨班，其余时间大家可以专心研究自己的工作。对学者而言，可以说这里是无与伦比的科研圣地。

在这座静谧的学术都市中结束自己的研究生活后，1964 年 9 月，我来到位于纽约的哥伦比亚大学担任教授。那是我在哈佛大学获得博士学位后的第四年，除了新工作给我带来喜悦，这一年我还荣获了一个叫作 "Research Corporation Prize" 的奖项。这是我作为数学家获得的首个奖项。

这是一个极具美国色彩的奖项，很多获得该奖的人拿到了诺贝尔奖。我作为获奖者只拿了奖状，五千美元的附加奖则交给了我的妻子。我参加完在纽约举办的授奖仪式后，第二天就带着妻子去了位于纽约第五大道的蒂芙尼旗舰店。这是我从杜鲁门·卡波特的小说中了解到的一家著名的高级珠宝店。我用奖金在此买了一枚戒指，并在上面刻上"奇点解消"的英文缩写后送给妻子。

这里稍微聊一聊我的私事。四年前我一拿到博士学位就结婚了。当时的结婚仪式很简单，付给法官 10 美元后互致结婚誓词，然后晚上邀请朋友来家里聚餐，举办了一个最简单的喜宴。当然，既没有新婚旅行，也未能给自己的妻子戴上婚戒。我在纽约的蒂芙尼旗舰店拿出一大笔钱来买戒指也有补偿妻子的意思。

学士院奖获奖纪念祝贺会

言归正传，以这个奖项为开端，此后我又陆续获得了好几个奖。我去哈佛大学担任教授的前一年（1967 年）获得了日本的朝日奖，1970 年获得日本学士院奖，同年 9 月又获得菲尔兹奖。1981 年入选法国科学院的外籍会员。

其中的菲尔兹奖是所有数学家都梦寐以求的荣誉。我在 1970 年 4 月收到获奖通知，向我发来贺信的是国际数学联盟的亨利·嘉当。

我是上一届菲尔兹奖的候选人，所以对本届获奖这件事并没有过于吃惊。不过，随着授奖仪式的临近，喜悦之情也油然而生。

9 月 1 日，授奖仪式在风光明媚的法国著名城市尼斯举行。国际数学家大会于 9 月 1 日到 9 月 10 日举行，授奖仪式被安排在大会的第一天。本届菲尔兹奖的获奖者除了我，还有研究丢番图逼近的贝克（Baker）、研究拓扑学的诺维科夫（Novikov）和研究有限群的汤普逊（Thompson）。

上午 9 点半在会议中心举行了大会的开幕式。首先，由国际数学联盟的主席嘉当选出国际数学家大会的会长，然后由教育部长和尼斯市市长致辞，之后颁发菲尔兹奖。随后由各个领域的代表人发表演讲，介绍相应获奖者的成就。对我的研究成果进行介绍的是格罗滕迪克。在这次大会上，我也用 50 分钟的时间介绍了奇点解消的研究成果，对我而言，这简直是一次盛会。奇点解消的工作不仅让我体验到创造的乐趣，还让我荣获诸多奖项。日本政府授予的文化勋章同样让我兴奋不已。

菲尔兹奖颁奖仪式（1970 年 9 月 1 日）。从左到右分别是贝克、我、汤普逊

我想在此回顾一下获得文化勋章时的一些事情，顺便梳理一下之前自己对于创造的一些思考。

我在哈佛大学任教的第七年，也就是 1975 年，日本文部科学省通知我获得了文化勋章。

有一天，文部科学省的官员给我家里打来一通电话。对方在电话里郑重地通知我说："您入围了文化勋章的候选名单，您能来领取这枚奖章吗？"我当然同意了。同时我还当选了文化功劳获得者。哈佛大学的同事羡慕地对我说："竟然享有终身津贴，恐怕全世界只有你有这样的待遇了……"我只是做了自己喜欢的事，没想到获得了文化勋章，只能说非常幸运。

不久后我从美国启程，踏上了祖国的大地。在回国的旅途中，故乡的风光不时浮现在我的眼前，我沉浸在一种温暖又难以形容的感觉中。

我在新英格兰的家中学习的时候经常打瞌睡。在打瞌睡的时候，或是熬了一晚上的夜，脑袋昏昏沉沉的时候，不知怎么回事总是想起故乡的人和事。我在前面说过，小时候为了免于父亲的训斥，曾抱着小桌子躲到壁橱中学习，但其实我的童年并不只有学习。我也像其他孩子一样去爬树、戏水。幼年时期和少年时期在故乡玩耍过的地方总是零零散散地浮现在眼前，有平淡无奇的竹林和石墙，也有上小学时在此追逐打斗的供奉八幡神的神社院落，还有常去游泳的河川等。对人而言，故乡是什么呢？每当放空自己时，故乡就会进入心间。故乡，太不可思议。

收到领取文化勋章的通知后，我比平时花了更多的时间去想故乡的事。我甚至在想由宇町的老乡们会不会为我获得勋章而欢欣鼓舞。母亲肯定会为我感到骄傲……想到这些，我就由衷地开心。

11月3日举行了文化勋章的授勋仪式，第二天我出席了茶会。6日清晨，我乘坐新干线从东京出发，在新岩国站下车，于下午一点半左右抵达令我怀念的故乡。时隔四年，我重新踏上故乡的大地，跨入了自家大门。我在新岩国站下车后，就看到众多亲朋好友前来迎接我回家，当时心中充满了喜悦。那是最原始的喜悦，像孩子一样开心。不，我不知道该如何正确描述当时的心情。

到家一个小时后，我们开始冒雨庆祝游行。当时我穿着出席授勋仪式和茶会时的衣服，那是一件带家纹的和服。它是母亲用已故父亲的和服为我改造的。

1970年8月6日，父亲和往常一样骑自行车去卖货，在一个道口不幸发生交通事故，连人带车被撞得粉碎，终年79岁。我在给家里写的信中经常对父亲说："爸爸，你要坚持出去卖货，就当锻炼身体了，所以要坚持下去。借的钱由我来还，你就放心好了，但不要逞强。"父亲天生就是一个商人，他也按照我的话去做了，可从那一天起却与我永别了。

1975 年 11 月 3 日，荣获文化勋章

父亲曾想让我和他一样变成商人，继承他的事业。因此，我一从外面回来，他就吩咐我干这干那，不让我学习，甚至在高考前一周还在命令我干农活。他这么做可能也是为了让我考不好，以便步入经商的道路。后来，我决定到京都大学读书，他只给了我五千日元用于支付学费、入学费、到京都的交通费和教材费，并告诉我不够的话自己想办法解决。

然而，父亲不知从什么时候开始变得天真烂漫起来，他会拿着我从美国寄来的信给邻居和卖货时遇到的顾客看，并引以为豪。另外，我获得学士院奖的时候，父亲曾欣喜若狂地说："这么开心的事，我这辈子恐怕不会遇到第二次了。"

我穿着这件留有父亲气味的和服，想与他一起分享获奖的喜悦。

庆祝游行结束后，我来到由宇小学，也就是曾经的由宇国民学校，在学校的礼堂里向六百名年幼的后辈做了演讲。

虽说是演讲，但我只说了不到15分钟。或许是因为当时过于兴奋，我不假思索地说："我很高兴听到别人夸我头脑聪敏、能力超群，但其实我并不是人们说的那样。广中平祐只是一个无比勤奋的人而已。"

现在想起来，我还为说了这些话而深感羞愧，但面对故乡那些学生期待的眼神，这些话是我最想说的，也是我唯一能说的。

我是出生于昭和时代的第一个获得文化勋章的人，所以一时间成为大家热议的话题。除此之外，斩获诸多奖项的我还受到各大媒体的关注，他们用引人注目的标题大力宣传我具有出众的头脑和过人的才华。当然，被人说有才华，我并不反感。

但是，最了解我的人是谁呢？是我自己。坦率地说，我并不认为自己有出众的才华，但我在刻苦努力这一点上有绝对的自信。或者说，在坚持到底的毅力上我绝对不输给任何人。

我记得自己对台下的少男少女讲了这些。

作为在由宇町出生的人，我并不讲究个人打扮。我好像生来就是一个慢条斯理的人。这种性格或许是从祖母或母亲那里继承而来的。总之，我是个从容不迫又有点迟钝的人。

我的这一性格也体现在数学研究的工作中。面对摆在眼前的问题，我最初都只会了解它的大概内容。至于周围的其他学者是如何钻研那些问题的，我通常不会深究。不过，在此过程中，我会逐渐看清哪些问题重要，以及自己要研究哪个问题。总之，首先我要花很长的时间才能慢慢地看出问题的要点。

在由宇町举行的文化勋章授勋庆祝游行

但是，不能一直停留在这种状态，否则无法实现创造。这时就要调动内在的热情（want），努力实现飞跃。另外，还要把握住运气。如果不能抓住好运实现飞跃，就无法创造出新的东西。

看出问题的关键之后，便进入研究问题的阶段。在钻研问题的过程中，我经常提醒自己不能忘记本心。对数学家而言，最重要的是构思，是思路。我认为，只有站在问题的立场上，让自己与问题融为一体，也就是保有本心才能打开解决问题的思路。

除了迟钝和运气，还要有毅力，咬住问题不放的毅力。在面对各种难题时，我奉行比别人多付出一倍的时间这一信条。另外，还要有意识地培养自己坚持到底的毅力。倘若不能坚持到最后，无论过程多么精彩，到头来也无法取得成就。我认为，无论从事数学研究的人有多么聪明，只要没有成就，就算不上数学家。

在我的字典里，"努力"这个词等于比别人多付出时间。这是我面对故乡的少男少女发表演讲时所强调的内容，作为总结，我现在也想向读者朋友重申这一点。

第 4 章

自我发现

## "自我"这个未知的存在

我曾见过冰山。

我第一次见到冰山是在前往美国留学的船上，距今大约有二十五年之久了。

那一年，近三十名参加富布赖特科学奖学金计划的留学生乘坐冰川丸号邮轮从横滨港出发。在海上航行的第 11 天，邮轮驶入了美国阿拉斯加州的海域。这里的海与日本故乡的海完全不同，冰封的海面上漂浮着巨大的冰山。我来到甲板上，嘴里哈着白气眺望着洁白的冰块。这里的冰川神秘且美丽，同时给人一种庄严的感觉。

人是什么？人生又是什么？每当我面对这种问题，当时的风景就会浮现在我眼前。我回想起那皎洁的冰山。

我们看到的冰山只是冰山露出水面的那一小部分。据说冰山位于海面以下的部分大约是海面以上部分的 11 倍，沉睡在海中的巨大冰块支撑着神秘美丽的冰山。

人脑与之类似。我在前面介绍过关于人脑的不可思议的特性，若用图来表示的话，则大致是冰山那样的形状。

人脑中共有 140 亿个脑细胞。相关数据显示，人至少要活到234 岁才能用尽这些脑细胞。虽然拥有数量如此庞大的脑细胞，但人终其一生也只会用到其中的百分之十，最多用到百分之二十左右。那些未被使用的脑细胞就如同隐藏在海面之下的冰山。我们大多数人一辈子也不会发现这些沉睡的脑细胞中所蕴藏的才华和天赋。

对于自己的才华和天赋，别人看到的只是极少的一部分。另外，与埋没在脑细胞中的才华和天赋相比，自己能看到的也不过是冰山一角。每个人都伴着这么一个未知的自己生老病死。

发现自己所有的才华和天赋，并做到完全了解自己是不可能的，毕竟人生过于短暂。这真是令人遗憾。

既然如此，我们就不用去努力发现未知的自己了吧？

我不这么认为。充分了解自己的能力和性格，并在其范围内过活，这样的人生我当然没有资格否定。但是，这并不是充满挑战的人生。我相信，毫无挑战的人生终究无法给自己带来意外的惊喜。当然，这样的人生也能体验到相应的乐趣，但我认为发现自己新的一面，更加深入地了解自己所带来的乐趣更大。

那么，我们该如何发现未知的自己呢？

在万籁俱寂的深夜，端坐在桌子前凝视自己。或者，通过读书来思考并反省自己。倘若通过这些方法发现了未知的自己，那么这种人多半是天才，或是经过特殊训练的人。

那么，普通人如何发现自身的未知部分呢？下面我来介绍一下自己的经验和体会。

我在高二暑假曾在工地上打过工，记得在本书的开头部分我对此略微做过介绍。当时这么做并不是为了贴补家用，而是出于好奇心。

当时日本百废待兴。人们的生活一贫如洗，连最基本的衣食住行都无法得到保障。为了早日让生活恢复过来，每个人都在努力。在复兴的热潮中，山林采伐作业不断，只要下大雨就会引发洪灾，海岸线支离破碎的情况屡见不鲜。

我当时的工作就是维护、修复堤坝。

在工地现场干活的人与我此前接触过的人完全不同。

首先，这些人都是吵架能手。或者说他们是有"吵架天分"的人。这种职业性质注定会有很多人有这样的性格。我完全没有这种吵架天分。

当时的我看上去很单薄，在体力方面没什么自信。从上小学起，我的体育成绩就不好。性格方面也不是我行我素的类型。与擅不擅长吵架无关，我对吵架这回事完全不感兴趣。

发现自己新的一面，更加深入地了解自己所带来的乐趣更大

先不说我，这种热衷于吵架的人难免脾气暴躁，说话粗野。一旦发生纠纷，双方就会破口大骂，有时还会大打出手。

不过，在和这群与自己完全不同的人共事的一个月里，我意外发现了从他们的表面无法感受到的热心和温柔。

孩童时期，我也帮家里干过农活，所以我认为自己用起来铁锹还算熟练。然而，在工地干活的时候，我所掌握的方法却不再适用了。我使出浑身力气去挖土，但只是白费力气，没有一点效率。他们看到我力不从心，没有说一句训斥我的话，而是非常耐心地给我做示范，教我如何使用工具。

还有一次，当我打算和他们一起搭设工地的脚手架时，有个人非常生气地拉住我，并警告我说外行人做这个工作会受重伤，太危险了，交给他们做就好。

这样的事情出现很多次，每次我都很感动，发自内心地认为他们很了不起。

这或许就是所谓的人情味吧。总之，这些表面上戾气很重的人让我感受到了他们的热心和温情，使我深受感动。我之所以感动，也是因为自己也有这样的一面。

作为一名数学家，人们往往觉得我有一个计算机那样的头脑和冷静的性格。但是，我自己绝不这么认为。了解我的朋友说我像森林中的石松，有时还会抬高一下我的地位，说我是清水次郎长 ①。即使朋友不指出这一点，我也早在读高中的时候就发现自己有几分这样的性格。

这也是我发现自己未知部分的一种契机。

我认为，人与各种和自己不同的人建立联系、互相影响是一项重要的活动。我们可以从中自发地采取某些行动，继而发现未知的自己。

其实，本书的主题——创造也是发现自己未知部分的最为有效的行动。至少对我来说是这样的。我认为，在创造的过程中我们最能发掘自己的潜力，继而更加深入地了解自己。

可以说创造给人带来的乐趣之一就是发现新的自己。

---

① 清水次郎长是江户时代的一名大侠客。——译者注

## 用耳朵学习的时代

在各种各样的环境中生活，与形形色色的人建立联系，可以为我们提供一个发现自我未知部分的契机。我刚才用自己高中时期的一点体会说明了这一点。细说起来，同与自己在文化、语言、习惯和历史等方面不同的外国人交往，似乎也是自我发现的一个有效手段。

以我为例，在美国和法国留学的时候，我终日都和与自己的文化背景完全不同的人一起学习，在此过程中我感觉发掘出了沉睡在我身上的潜力和天赋。

关于留学可谓今非昔比，各种条件和留学生的素质都在发生变化。不过，想到可以为读者提供一个参考，我想在此介绍一下自己是如何融入美国这个国家的。

1957 年 9 月 9 日，我乘坐冰川丸号邮轮抵达西雅图。这是我第一次离开日本，当时自己感慨万千，不过我已经记不太清当时的具体情况了。我只记得当晚住在一家廉价酒店，住宿费只要 1 美元。总之，那是西雅图最便宜的酒店。

当时的留学生在出国时可以兑换一万日元的美元。然而，我带的钱连这个限额都没达到。为了省钱，我住进了这家便宜的酒店。当然，住在此处的并非只有我一个人。

第二天，包括其他两位去哈佛大学留学的人在内，我们一行五人坐上了横贯美国大陆的火车。多亏了富布赖特的留学制度，我们可以享受一等车厢的单间，这已经是当时最奢侈的火车旅行了。但是，旅途中用餐的费用要自付。由于囊中羞涩，我没敢在火车上的餐厅吃饭，于是，每当火车进站停车时，我就跑到附近的超市买一些尽量便宜的食物来填饱肚子。当时横贯美国大陆的火车开得很慢，在芝加哥站甚至要停上半天，所以下车购物的时间非常充裕。

有一次火车在中途一个车站停车时，我们委托其中一位留学生买回来一些罐头，结果他买回来的东西让我们哭笑不得。他得意扬扬地把罐头递给我们说："真是太便宜了。"然而，罐头标签上写的是"狗粮"（dog food）。一开始我们也有点抵触，但尝了一口后发现味道还不错。

从西雅图出发后的第三天，我们抵达波士顿站，结束了这次难得的火车旅行。刚从车站出来，就看到了来接我们去大学宿舍的车。

由于已经过去二十多年，所以我对波士顿这座城市的第一印象、当时是什么样的心情之类的事情已经不太记得了。我只记得当时想到自己要在异国他乡开启全新的生活，心绪十分复杂，身体不由自主地颤抖了一下。

我的留学生活就这样开始了。

当时的住宿生活真的有些奢侈。早餐一定给每人两个鸡蛋，午餐有肉吃，晚餐是牛排，而且是不限量的牛排。后来牛排吃腻了，我开始怀念日本的饭菜，但刚开始的时候我每晚都会吃好几份牛排。

另外，每个人都住单人房间，如此奢侈的绝佳环境可以让我们安心学习。

我在京都大学研究生院读书的时候，每周会做三天家教，并在两个补习学校做兼职。因此，我的月收入最低也有2.5万日元，有时比大学副教授的工资都高。

不过，留学时我的手头就没有这么宽裕了。从留学的奖学金中扣除住宿费、伙食费、健康保险等各种必要的费用后，每月仅剩下10美元的零花钱。不过，我在此食住无忧，也不是特别需要零花钱。如果说会用到零花钱的地方，最多也就是在哈佛广场和朋友喝个咖啡，或者买些学习用品。

我到美国的前两三年，几乎没花钱买过新衣服。虽然自己可能买过一两件衬衫，但大多数时候还是穿着从横滨港出发时的衣服。虽然衣服洗了很多次有些变形，但我生来就不讲究打扮，所以毫不在意。我并不讨厌喝酒，但在美留学的三年内也没怎么喝过。就这样，每个月 10 美元的零花钱积少成多，最终我用这笔钱买了一台打字机。

不过，在需要买书和笔记本的时候，偶尔会出现手头不宽裕的情况。每当此时，扎里斯基教授就会出手相帮。扎里斯基教授一看到我为钱所困，就会从他的钱包里抽出几张纸币借给我用。这种情况发生过好几次，后来我也都如数还清。

扎里斯基教授也曾给我介绍过家庭教师的工作。辅导对象是一名研究生，每上一次课会支付我 5 美元的报酬。面对这样优厚的条件，我马上就答应了。

然而，我辜负了扎里斯基教授的好意。上完第二次课后，那位研究生把我解雇了，理由是听不懂我说的英语。

经常有人问我在留学的时候，是不是在语言方面受到很大困扰。的确，在与他人交流和授课时存在一些沟通不畅的情况，但除此之外，我并没有记得有什么不便之处。

1981 年时的扎里斯基教授与我。当时哈佛大学授予扎里斯基教授荣休教授称号

　　虽然在留学前我曾拼命学习英语，但日常会话的结果表明，我的外语水平确实不尽如人意。对我而言，因为还有数学这门国际语言，所以在学术研究中没有任何障碍。而且，只要不耽误学习，我就知足了，其他的不管怎样都无所谓。可能是因为我攻读的专业属于自然科学的范畴，所以对语言的要求没有那么高。来美国学习人文科学的日本留学生中，好像有很多人深受语言折磨。

　　例如我的妻子，她在布兰迪斯大学攻读社会学时，就在语言方面吃尽苦头。她既不能充分表达自己的意思，也无法完全理解对方在说什么。再加上生活习惯等方面的差异，她感到极不适应。在与我谈心的时候，她告诉我自己特别想用日语同日本人聊天，哪怕每天只聊十分钟。

　　而我就没有这样的经历。当然，就像前面提到的那样，我的英语水平并不高，但好在我有数学这门国际语言可以用于沟通。除此之外，当时永田老师在哈佛大学担任客座教授，他的家人也一同来到美国。每次我去永田老师家里，都能沉浸在日式的家庭氛围之中，吃的也是日本料理，而且完全可以用日语探讨数学问题和唠家常。

　　第一年的留学生活就是如此度过的。到了第二年，我和在学生宿舍中认识的两名学生一起租了一套公寓。这样一来，住宿费会便宜一些，但是从此以后我就得重视起英语会话了，因为语言不通是无法融洽地过好集体生活的。

1963 年，赴美后首次回日本

　　有一天早上，我被同住的一个朋友训斥了一顿。他生气的主要原因是我前一天晚上吃完饭后没有收拾，他觉得这种行为非常不像话，破坏了集体生活的规矩。但其实没有收拾的人是另外一个学生，不是我。也就是说，他冤枉我了。当然，我想告诉他自己是被冤枉的，但悲哀的是语言不通。我从来没有受过这样的委屈，于是马上翻开词典找到相应的词，把表示自己是被冤枉的一句英文写到了一只手上，并背了下来，等到下午那位朋友回来后，义正词严地进行了反驳。然而，这位朋友好像已经把早上说过的话忘得一干二净，并没有搭理我。我让他好好回忆一下，结果依然是白费力气。

　　还有一次，一位朋友要把他的女朋友带到家里，让我回避两个小时，当时我没办法只好到厨房里学习。然而，在远远超出约定好的两个小时之后，他依然若无其事地和女朋友闲聊。我怎么也压抑不住内心的愤怒，便和上次一样写了一张英文便条。便条的内容非常详细，我预测了对方可能会说的话，并相应地列好了进行反驳的话。我把便条上的内容背诵下来，第二天早上自信满满地到他面前进行辩论，然而他本人早已把前一天晚上的约定忘得一干二净，最终我又是徒劳一场。

　　总之，一遇到必须为自己申辩的情况，我就使用这种方法。

在去巴黎深造前的一年里，我一直过着这样的生活，不过在此期间，我的英语会话能力得到了显著提升。但是，我要攻克的不仅仅是英语。当时我以优异的成绩通过了哈佛大学的博士学位资格考试，博士论文也基本定下来。但是，我还要通过两门外语考试才行，德语考试幸运地一次就通过了，而法语连续考了三次都没有通过。扎里斯基教授也为我操心，让他的夫人单独给我补课。我每周会去一次他的家里，在师母的辅导下认真学习法语，经过几个月的努力终于通过了考试。总之，学习语言让我吃了不少苦。

与我留学的时候大不相同，现在的日本青年在练习英语会话方面拥有良好的条件，能更多地看到和听到英语。因此，从语言能力这一点来看，现在的人比过去的人更容易适应留学生活。

当时我们日本留学生为了发泄说不好英语的愤懑之情，会聚集到哈克尼斯公共食堂，互相用日语痛痛快快地聊天，度过让人心情愉悦的短暂时光。在哈佛大学留学的日本学生遍布各个专业，包括法律、经济、教育、生物、宗教学等。

用现在流行的话来讲，应该说现场具有"跨学科氛围"。时下医学和生物学中最重要的问题是什么？攻读经济学的人目前最感兴趣的是什么？美国的教育学、宗教学都教些什么？来自各个领域的人在此畅所欲言，的确有一种跨学科讨论的架势。

在与这些留学生交谈的过程中，我用耳朵学习到了很多知识。从这一点来看，我也由衷地认为留学对一个人的成长大有裨益。

总的来说，在美国用耳朵学习的方式非常普遍，但我们也不能忽视美国通过高薪从各个国家广纳贤才，所以聚集了大批优秀人才这一点。所谓用耳朵学习，并不是通过读书来获取知识，而是直接与学习对象接触，学习该人掌握的知识和思考方法，所以将优秀人才聚集起来有助于大大提升学习者受启发的程度。

这里举个例子说明在美国用耳朵学习的方式很普遍这一点。我们常说美国人与日本人不同，他们很会提问。实际上美国人并没有什么高明之处，主要是他们有不懂就问的习惯。

说起不懂就问，我想到了自己在哥伦比亚大学教过的一名学生。

那个学生每次遇到老师都会提问，无论哪位教授，只要远远地看到他的身影，都想绕道而行。他不光白天在学校里问问题，到了深夜也会打通教授家里的电话进行提问，聊上一个多小时来解决问题。这个学生的能力原本就达不到哥伦比亚大学的入学要求（他经历特殊，通过面试发现有潜力和干劲才被破格录取），所以他问的问题总是让人束手无策。我在大学校园里和电话中，都曾几度遭到他的纠缠，但他的问题无聊透顶，让我苦不堪言。

然而，差不多入学两年后，他不再一直问一些无聊的问题了，偶尔也能提出像样的问题。到了大四的时候，他进步很大，终于写出一篇优秀的论文，并将其发表在学术界一流的期刊上。我到哈佛大学任教的时候，他已经担任讲师，后来又担任过斯坦福大学的副教授，如今在加利福尼亚大学担任教授。

我们通过这个典型的例子可以看出，在美国，通过提问学习，也就是用耳朵学习是一种非常流行的学习方法。日本人往往倾向于把问题分为"有价值的问题"与"无价值的问题"，或者明明知道答案，但为了炫耀自己的才能、构思而去提问。美国人则不然，他们完全不在乎提问是否有价值，总之不懂就问，尽可能通过提问的方式来学习。美国人身上普遍体现了这种学习态度。

的确，一流大学的学生单凭用耳朵学习就能在短时间内把自身的专业提升到一个相当高的水平。如果想学习一本三四百页的书，在日本的大学里，学生是不会来到教授面前问这本书写了什么的。虽然这确实是一个幼稚且笼统的提问，但是被提问的教授会认真地对此做出解释，然后学生会围绕教授的解释继续提问。

在长达几个小时的答疑解惑中，学生会大致掌握这本书的核心内容。从结果来看，对于一本大部头的著作，与其读完十几页后因为看不懂而放弃，不如直接向他人提问。当然，详细内容还要学生本人去阅读，但如果能掌握全书大致的要点或框架，理解起来就会事半功倍。

据我观察，日本的学生在提问的时候，大都使用"为什么"（why）或"怎么样"（how）的句式。不用说，"为什么"是在问原因，这是一种寻求真相（truth）的问法。而美国的学生常使用"是什么"（what）的句式进行提问。他们一般会采用"到底是什么呢"这样的问法。这是一种寻求"事实"（fact）的问法。

总之，我们可以把日本学生的提问方式解释为探求事实背后的真相。如果说问"为什么"是为了了解事实之外更多的东西，那么我觉得这种问法挺了不起的。但是，我们有时会把信息错认为真相，甚至连事实都不了解就滥用"真相"这个词，陷入自我满足的状态。另外，也有人认为了解清楚事实后不行动是危险的，通过事实看透真相是自己的工作，不应该去问别人。我们很难判断这两种问法孰优孰劣，总之，日美两国存在这种差异。

这种用耳朵学习的方法，除了可以用在学术研究上，还可以用在其他场合。例如，想了解日本的美国人比起阅读介绍日本的图书，更愿意先向身边的日本人不断提问。我也曾被周围的美国人详细问过关于日本的问题。既然别人提出了问题，我就必须作答。如果我拒绝回答，那么自己也不能向对方提出类似的问题了。日本是一个怎样的国家？日本人有怎样的性格？在回答这些问题的时候，我必须进行独立思考，还要翻阅书本去学习。教别人之前必须先自己学习。换句话说，教别人也是一种学习的方法。

总而言之，通过这种经历，我发现了很多日本这个国家的隐性特性、日本人特有的生活情感和思考方法等。在今后全球化的社会中，这种用耳朵学习的方法一定具有重大而深远的意义。

## 发现多样化的眼力

除此之外，我在美国留学还有很多收获。我想从中选取对我益处最大的方面来谈谈。在此之前，我需要先介绍一下日美两国在教育上的基本差异。

若粗略比较两国在小学、初中和高中的学校教育上的差异，则可大致总结为日本重视平均化、一致化，美国重视多样化。

多样化是指什么呢？首先我认为它有重视地域性的意思在内，主张实施因地制宜的教育方针。也就是说，如果把这个特征投射到日本，就是北海道的学校教育与九州的学校教育存在差异是理所当然的，只有积极地采取这种差异化的教育方针才能搞好教育。

为什么必须这样做呢？原因或许有很多，但在美国的情况下，学校在经费预算上有九成来源于城市的不动产税，那么市民的意见自然会严重影响当地的教育发展，因此教育的地域差异色彩浓厚。现在对于制订教学计划拥有最大权力的是由市民选举产生的教育委员长，校长必须落实教育委员长制定的教育政策。

让学生的个性在最大程度上得到展现也是美国的学校教育重

视多样化的一个方面。

人在出生的时候就已经拥有了自己的个性。每个婴儿的脸型和体重都不一样，就连四肢的活动方式也不同。不光外在特征存在差异，性格、才华和天赋等内在特征也各不相同。这些差异就是个性的起点。美国的教育尊重每个人的个性。

比如，他们会尽量缩减一个班的学生人数（据我所知一个班最多 30 人）。课上除了会配一名教师，还会配一名将来会成为教师的助手，也就是说课堂教育是由教师和实习生两个人来完成的。另外，他们还会采用分组学习的教学模式。教师会根据教学进度将学生分成多个小组，让每个小组的学生围坐在自己的桌子前学习，如果有学生提问，就由教师或其助手来回答（有的教室也会像日本那样一个人一桌）。这些都能体现出美国的学校教育对学生个性的尊重。

大学的入学制度也体现出这一点。"跳级"制度便是如此。

"跳级"是指如果学生有能力，就可以越过本来应该经过的年级而进入更高的年级学习的制度。例如，大学设有暑期班，如果高中生利用暑假取得进入该高校的学分，那么即使是高中一年级的学生，也可以越过后两年的高中学习，直接进入大学。另外，高中生跳级进入大学后，如果能在"免修"（advanced standing）资格考试中取得较好成绩，还可以在入学的同时直接跳级至大学二年级。因此，偶尔会出现十五六岁进入大学，年仅十九岁就获得博士学位的优秀人才。我的学生中也有一位十九岁就获得博士学位的年轻人。

这种尊重个性的学风与美国独特的实用主义相结合，形成了日本教育中不可想象的多样化教学计划。

以数学教材为例，对喜欢理科并打算在这条路上走下去的学生，美国和日本一样为他们准备了《代数》《几何》和《解析》等教材。但是，除了这种内容较难的教材，美国还会针对将来想当木匠的学生提供与木匠工作相结合的数学书，针对立志从事农业的学生提供与农业结合的数学书。实际上，在有广阔耕地的中部地区，学校普遍使用这种教材。

一般来说，高中最常用的数学教材是《消费者数学》①。为什么这本教材用得最多呢？因为在现代社会中，生产者也有购物需求，也就是说每个人都会成为消费者，所以很多学生想学习对购物有实际用处的数学。

我认为，美国这种多样化的教育模式，既有优点也有缺点。

缺点在于根据学生的能力设置教学进度的教学方法，虽然能

---

① 原书名为 *Consumer Mathematics*。——译者注

使有能力的学生取得很大的进步，但是无法把能力不足的学生拉到平均水平。正是出于这个原因，美国学生的平均成绩比日本学生的低。另外，"跳级"制度也有很多弊端。比如有的学生在前面走得过快，到后面则每况愈下；有的学生被卷入激烈竞争的漩涡，掉队后丧失自信，甚至自寻短见。在我的学生中，也有人因此选择结束自己宝贵的生命。其实，每当我想起这些不幸的实例时，都会思考美国是不是应该考虑教育改革，稍微削弱一下对个性化教育的重视程度。

虽然有这样的缺点，但是美国在现实中仍然推行重视多样化的教育。

暂且不论美国教育的好坏，总之，在这种教育环境中成长起来的人在无意中会养成从多个角度看问题的习惯。日本人只会从同一个角度看问题，这种带有批判性的观点在我看来反倒是危险的，况且并不是所有美国人都会从多个角度看问题。但不管怎样，在创造出人们想象不到的东西，也就是实现惊人的飞跃方面，善于从多个角度看问题的人更有优势。我在美国生活的过程中逐渐意识到，美国在发明创造方面人才辈出或许得益于该国独特的教育。

可以说数学界也是如此。我亲眼见证了很多美国数学家在数学领域创造出无法想象的新理论。如果他们隐居象牙塔中只关注数学，那么肯定不会有所创造。他们正是以宽广的视野从多个角度来重新审视数学这门自然科学的一个分支，才获得惊人发现的。

例如，曾在麻省理工学院担任数学教授的克劳德·艾尔伍德·香农（Claude Elwood Shannon）向我们每天接触的信息中导入了数学，根据数学创立了信息论。

香农教授在第二次世界大战期间从事过破译密码的工作，他想到可以通过数学方法来破译密码，由此创立了信息论。如果没有将数学与其他领域联系起来看待问题的眼力，那么即使有相同的经历，也不会创造出这个理论。

在香农教授的信息论的基础上，其他数学家创造出各种有价值的应用理论。就在这些应用理论相继发表的时候，香农教授自身又创造出关于股票的数学理论。

另外，还有一位大学数学教授的创意，恐怕在日本也是想象不到的。

这位教授有一个成为亿万富翁的梦想，他的确通过数学这门学问实现了这一梦想。这位教授培养大批年轻有为的数学家，创立了一家计算机方面的咨询公司。注意，他成为一个有钱人并不是我想讲的重点。

同样作为数学家，我十分佩服他能从多样化的观点中产生这种经营思路。

在直接或间接地与这些取得卓越成就的美国数学家交往的过程中，我对数学和学术的看法发生了颠覆性的改变。这是我赴美留学并在这个国家工作的最大收获。

简而言之，学者不能只专注研究自己的学问。我们要以自己的学问为出发点，将自己的专业与其他学问、经济形势、社会现象等联系起来，在此基础上不断创造出新的东西。

现代的日本正在走向多样化发展的新道路。过去日本发展的老路是只要固守既定的目标（国家目标），向其努力奋进就可以了。这种时代已经成为过去。

我希望肩负 21 世纪日本发展使命的年轻人能以广阔的视角来做学问。希望你们能认识到每个人都有自己的个性，都有多种可能，要以跨学科的视野开展学术研究。之所以有这样的期待，是因为我认为这与每个人发现学问息息相关。

## 人生就是服务

我也在问自己，是否应该向肩负 21 世纪日本发展使命的青年提出这样那样的希望，是不是至少应该将自己这半个世纪的人生路上所获得的智慧和知识回报给社会。在这种想法的驱使下，我开创了一系列人才培养事业。不过，我想在此主要谈谈自身的体会。

我现在在美国的哈佛大学和日本的京都大学都有职务。也就是说，我过着往返于日本和美国的生活。因此我稍微了解一些美国对当今日本的态度。

简单来说，对于明治维新以后一直学习模仿欧美发展起来的日本，美国正在重新审视这个国家，而且不断地从这个国家学习对本国的政治、经济、文化、社会有益且有价值的东西。

这种学习热度急剧高涨的主要原因是日本的经济发展令美国瞠目结舌。为什么一个资源匮乏的岛国能在战后取得突飞猛进的经济发展？为什么日本能够挺过石油危机和通货膨胀，即使在发达国家中，经济实力也名列前茅？这让美国既感到震惊，又感到迷惑。为了探究日本经济腾飞的成功秘诀，美国对日本的各个方面都充满兴趣。

因此，最近美国频繁出版以日本官僚机构的特性、工商界和企业结构等为主题的书。在这些书中，我认为傅高义（Ezra F. Vogel，哈佛大学东亚研究中心主任）所写的畅销书《日本第一》（*Japan As Number One*）最引人注目。作者通过直接接触日本财政界要人，在书中探讨了如何客观看待日本的经济实力，并指明应向日本学习什么。除写书之外，傅高义教授还在美国各地积极举办演讲活动，强调美国应重新认识日本，并向日本学习。

对于日本企业体制改革的话题，日本人已经听过很多遍了。但是，日本采用的组织结构并不是日本经济取得成功的决定性因素。实际上，美国人也注意到了这一点。

比如，日本企业采用终身雇佣制大获成功，于是得克萨斯州的一个公司效仿日本也采用了终身雇佣制，但结果并不尽如人意。

如此一来，美国不仅要了解日本企业的体制，还要了解在这种体制下工作的日本国民身上有哪些特质。

关于这一点，下面以我朋友所在的公司为例进行介绍。

这家位于大阪的公司总是发生事故。接二连三的事故不仅会给公司带来巨大的经济损失，还会造成恶劣的社会影响。因此，公司想尽办法采取各种安全措施，然而事故依旧频频发生。例如，发生工人从桥桁上坠落的事故后，就在桥桁上安装了栏杆。虽然有了栏杆的防护，但又发生了工人从栏杆缝隙探出身子作业而跌落的事故。于是，公司又在栏杆下面配备了一张安全网。有了安全网这道防线可以说万无一失，然而有的工人会悬挂在栏杆上作业，于是又发生了工人从安全网的边缘坠落的事故。总之，不管采取多么合理的对策，都无法杜绝事故的发生。

该公司的总经理对工厂的地基进行一番调研后发现，这里曾经供奉过稻荷神。于是，总经理责令恢复神社，并组织全体员工举行了盛大的安全祈愿活动。也就是说，该公司之所以此前事故频发，是因为建造工厂时拆除了稻荷神社，消除这种不祥因素之后就不必担心了。在那次安全祈愿以后，果然再也没有发生过事故。

每个人可能对这个例子都有不同的看法，我认为这里恰恰表现出了日本国民精神中不可思议的一面。

现在美国一直在探索日本人的这种神秘感。描写执政者内心世界的《将军》一书和讲述日本求道者的《宫本武藏》的英译本在美国非常畅销，特别受商人的青睐。这充分说明美国人对日本人的精神有非常浓厚的兴趣。

美国在不断吸收日本文化，如歌舞伎等日本传统表演艺术，还有茶道、花道、武士道，以及日本建筑风格等。这一现象也与美国人探索日本人的精神特性不无关系。

美国正在以这种方式向日本学习。那么，日本该怎么做呢？在此之前，我们要先明确美国现在有没有日本应该学习的地方。

我认识的一个日本人来到美国调研超市情况，他对我说自己参观了各种各样的公司，发现美国的公司千疮百孔，没有任何值得学习的地方。我想这个人可能是像去旅游一样来美国逛了一趟，只看到了美国企业社会的表面。

先从结论来说，我反对这种观点。日本的经济发展确实取得了很大成就，甚至已经达到能与美国并驾齐驱的程度。但是，考虑到还有不到二十年的时间便进入 21 世纪，届时将迎来超全球化的时代，我认为如果现在日本不向美国学习，可能会面临意想不到的危机。

这就是我反对前述观点的理由。

现在美国的社会确实存在一些弱点。我不是这方面的专家，无法对其进行分析，但我在美国生活了很久，对此略知一二。

第一个弱点是优秀人才的从业趋势正在从工业向服务业倾斜。从比例来说，服务业占据国民生产总值的 60%，75% 的劳动力都以各种形式同服务业紧密相连。如此一来，工业的主导投资衰减，这必然会减缓工业发展速度。美国也确实正在酝酿"再工业化"。

第二个弱点是很多企业必须面对人种问题，特别是与占据人口总数 12% 的黑人相关的问题，以及女性雇佣问题。一旦企业被打上"存在歧视"的标签，就会遭到政府的严厉劝告。

第三个弱点是在美国的企业社会中，人才流动频繁，导致企业缺乏长期的计划。例如，某人与企业签订了五年的劳动合同担任总经理一职，如果该人在五年内未能取得显著的成绩，就会面临解雇。这是美国企业的基本常识。但是，这种"短期决战主义"确实有无法展望一个企业发展前途的一面。

除此之外，美国可能还有其他弱点，但当对以上三点加以评议时，我发现只要换个角度来看，这些弱点也都是美国的优点。

首先，我们来看第一个弱点。假如现在实施的再工业化进展顺利，提高了美国的工业实力，那么服务产业拥有大批优秀人才这一点会在国际关系上变成美国的优点。届时日本必然面临考验。

第二个是人种问题。在美国企业社会面临的诸多问题中，女性雇佣问题可能是最严重的问题。特别是黑人问题远比我们日本人想象的根深蒂固，再加上教育等各种因素盘根错节，政府越想解决问题，问题就越突出。另外，就目前来看，在雇用黑人的情况下，很多时候也会导致生产率下降。

不过，美国政府仍然在努力解决这个问题。有三百年之久的黑人种族歧视问题不是一朝一夕就能解决的。所以，美国政府制定了长期性策略，即使需要三代人的努力，也要改善现状，并计划于 21 世纪初从黑人中发掘优秀人才。另外，对于女性雇佣问题，美国政府认为，虽然现在让企业雇用女员工会产生一些负面影响，但是将来她们可能会出于对工作的责任感而发挥出意想不到的才能。

如果美国政府的人才发掘计划如愿以偿，那么进入 21 世纪后，日本就必须重新审视美国。特别是体育界的例子让我们清楚看到黑人具有一种非凡的力量。如果他们把这种力量用在生产上，日本肯定就坐不住了。

第三个弱点也是如此。虽然企业没有长远规划，但是政府有长期性政策。现在美国正在制定长远的国际战略。我并不认为日本具备与之抗衡的实力。

如此看来，日本不应该麻痹大意。我们不能再抱着"经过战后三十余年的发展，日本经济已经赶上美国，今后会进入超过美国的时代，日本无须向美国学习任何东西"这样的想法了。

我们经常说，美国是引进研究人才的国家，而日本是引进研究成果的国家。美国的做法是只要发现国外有人致力于新研究或有前途的研究，就会把这个人引入自己国家。

从这层意义上讲，如果美国现在计划向日本学习，那么日本人应该很容易被引入美国。我认为，日本人应该有效利用这一点到美国去，在美国社会中刻苦钻研并体验那里的生活，向美国人传授日本的优点，并把美国好的地方学回来。举个例子，日本人可以加入美国独特的共同研究团队，通过实际历练增长本领。从中学到的东西会在今后的发展中起到非常重要的作用。

美国是一个会从各国引进人才的国家。共同研究团队就说明了这一点，这种模式往往能产生很多意想不到的成果。

日本的做法是首先召集人员组建团队，然后对其中的成员进行"调谐"（syntonize）。调谐是指统一调子，也就是把着眼点放在构建步调一致的和谐氛围上。之后让团队成员实现同步（synchronize），也就是确保全体成员能够同时投入工作。

由于美国是从外国吸纳各类人才的，而且这些人都很优秀又极具个性，所以非常不好管理。另外，各国的习惯和对生活的态度也千差万别。若把这些人组成一个团队，那么让他们同步工作是不可能的。如果强行实现同步，就无法充分发挥出他们各自的能力。

这里我们要使用一个最近比较流行的词语——化学反应。所谓化学反应是指不同物质结合后产生新物质的反应，这种新物质不同于此前相结合的物质，比如氧和氢结合生成水就是化学反应。现在这个时代要求我们必须认真创造意想不到的成果，在此背景下，能够产生化学反应的团队创建模式是日本人应该通过在美国的实际体验进行学习的一点。

如前文所述，我认为今后将是一个各国之间积极交流、互相学习、合作共赢的时代。我也为此尝试制订了一个教育计划，虽然目前只是一个小小的尝试而已。启动于 1980 年的"数理科学家培养事业"就是其中之一。这个教育计划的目标是把具有数理科学素养的学生、年轻学者派往海外留学，将其培养成优秀人才。

我为什么要开始做这样的事情呢？的确，认为有必要留学的人与以前相比变少了。这可能是因为过去只有在外国才能学到的东西，现在在日本国内也能轻而易举地学到。但是，我仍然坚信留学是有必要的。

如前文所述，美国的教育存在很多问题。但是这个国家也有适合培养超一流人才的条件。我的梦想就是从美国汲取几分这种长处，在日本打造一个在某种程度上可以培养超一流人才的教育环境。这个梦想可能不会实现，但也不能说完全没有实现的可能。

从某种意义上讲，人的一生是由我为人人和人人为我的原理构成的。我相信自己的梦想有可能会变为现实，至少我确定再过十年左右，数学领域会形成一个支流。

我们常说日本是一个以教育立国的国家。的确，战后日本的教育达到了一个相当高的水准。日本的学校教育采取的方式是以文部省为中心，要求教科书根据学习指导要领编写，这一举措保证了课本不会出现五花八门的情况。与欧美国家相比，教育机会更加均等，能更好地消除歧视和学校间的差距，教育更加公平。这也是日本的教育水平得以提高的重要原因，但同时也产生了以成绩好坏来评价一个人的弊端。

我有一个经商的中学同学，他开过餐馆，干过养殖，创办过连锁小商店，是一个非常成功的商人。我和他一起去拜访恩师的时候，恩师对他佩服地说："想当年，广中的数学很好，而你却不擅长数学。加法运算还好，减法运算就经常出错了。没想到，你是个做生意的天才。"

访问阔别已久的母校由宇小学，我被学生们围成一团

当时他的回复有些让人摸不着头脑，他说："我只存钱，只会用到加法运算，用不到减法运算。"

在经商方面获得成功也是一种才能。我的才能和他的才能虽然不同，但并无高低贵贱之分。我们都能不断张扬自己的个性，施展各自的才华。这就是多样化的生活方式。

## 致年轻朋友！

一位在大学教授哲学的和尚说过这样一句话：

"西方文明的衰落是从装饰遗体开始的。"

这句话的意思是，当有亲人去世的时候，先不让孩子们看遗体，直到入殓后才让他们看用花束装饰好的棺材，形成这种习俗后，西洋文明开始逐渐衰落。对孩子而言，直面亲人的死亡确实是一种沉重的打击。但是，我认为这也会为人认识到自身的需求提供巨大的动力。如果没有死，就不存在生。有死才有生。正如那位哲学家所说，西方的孩子只准看到装饰好的棺材，他们的确不知道还存在与生相对的死，因此也被剥夺了认识生有多么美好的契机。

活着本身就是美好的。让美好的生变得更加美好，这是活着的人的特权。从某种意义上讲，可以说放弃这一特权是对逝者的亵渎。

我在本书中，通过自己微不足道的人生体验，一路摸索着如何活得更加美好。最后，我想在此就"在今后的时代里要想活得更加美好，关键的因素是什么"这个话题，阐述一下自己的看法。

我认为用"dynamic"这个英文单词来表达现代日本的特征再合适不过了。"dynamic"可以解释为"动态的",而我觉得有必要给它加上"非常"这个副词。

过去的日本也经历过发生剧变的时代。

例如,江户时代末期便是如此。

通过比较江户时代末期的剧变与现代日本的剧变,我发现前者是两三个具有明确立场的势力为实现各自的长期目标,在冲突与争端中产生的骤变。现在日本的剧变具有多样化的价值观互相冲突导致变动更加复杂的特征。

数学中有一个叫"古典分析学"的领域。在该领域中数学的根本理念是只要明确原理和起点的条件就能预测未来。这种古典分析学的方法或许对江户时代末期的剧变有效,但无法应用于现在的日本。再过不到二十年就会进入 21 世纪,到时日本会变成什么样子呢?由于现在的情况变幻无常,所以我们很难预测日本的未来。

不过,有一点可以肯定。这种特殊的变化会越来越快,它会变得更加宏大、迅猛和复杂,每个人的价值观也会比现在更加多样化。

年轻朋友还有我在即将进入的 21 世纪，必须做好乘风破浪的准备。

那么，我们应该如何应对这个变幻莫测的时代呢？

我认为今后我们最需要的是自主判断的能力（选择度过多样化人生的智慧）和思考能力。

若过度拘泥于某些原理或原则，则无法应对变化。根本不存在应对变化的教科书。我认为，怀着一颗本心独自深入思考，做出最明智的选择是唯一的方法。

如此说来，似乎我们今后会进入一个多灾多难的时期，但其实我反而认为未来会是一个美好的时代。正是因为新时代具有变化和多样化的特征，我们才更容易发挥出自己的潜能。

人一生下来就是一个独立的个体。每个人不仅外表不同，性格和天赋等内在的方面也不一样。因此，人的能力当然也应是多种多样的。

然而，人往往不愿面对多样化。这是为什么呢？因为大家普遍追求安心和舒适，不想茫然失措。例如，人们认为，只要能够考入一流大学，毕业后就职于一流企业，也就是踏上所谓的精英之路，就不会感到迷茫和不安。因此，对于多样化，大家更倾向于选择视而不见。

过去那种单线程的变化或许会被颠覆。人们已经不能再无视多样化，必须努力发掘自身的潜能，创造属于自己的人生意义。

另外，社会也必然会对所有人提出这样的要求。如果那些不主动去创造自己的人生意义，被变化和多样化所抛弃，被绝望支配的人占较大比重，那么社会就会变得混乱不堪，甚至走向灭亡。

若想创造属于自己的人生意义，就必须发掘出自身的潜力。不管有多难实现，不管会经历多少艰难困苦，要想成为新时代的弄潮儿，就必须这么做。

我在本书中结合个人经验所讲述的内容，如果能给今后活跃在 21 世纪舞台上的读者朋友带来一些人生启迪，那么我就没有白白回顾自己那些微不足道的过去。